리더,
독해
져라

현장은 독해졌는데 리더들은 과연?
리더, 독해져라
ⓒ 2014, 강진구

초판 1쇄 발행 2014년 1월 21일
초판 3쇄 발행 2014년 9월 15일

지은이 강진구
펴낸이 유정연

책임편집 최창욱
기획편집 김세원 김소영 장지연 **전자책** 이정 **디자인** 신묘정 이애리
마케팅 이유섭 최현준 **제작** 임정호 **경영지원** 박승남

펴낸곳 흐름출판 **출판등록** 제313-2003-199호(2003년 5월 28일)
주소 서울시 마포구 서교동 464-41번지 미진빌딩 3층(121-842)
전화 (02)325-4944 **팩스** (02)325-4945 **이메일** book@hbooks.co.kr
홈페이지 http://www.nwmedia.co.kr **블로그** blog.naver.com/nextwave7
출력·인쇄·제본 (주)현문 **용지** 월드페이퍼(주) **후가공** (주)이지앤비(특허 제10-1081185호)

ISBN 978-89-6596-099-7 13320

- 이 책은 저작권법에 따라 보호를 받는 저작물이므로 무단 전재와 복제를 금지하며,
  이 책 내용의 전부 또는 일부를 사용하려면 반드시 저작권자와 흐름출판의 서면 동의를 받아야 합니다.
- 흐름출판은 독자 여러분의 투고를 기다리고 있습니다. 원고가 있으신 분은 book@hbooks.co.kr로
  간단한 개요와 취지, 연락처 등을 보내주세요. 머뭇거리지 말고 문을 두드리세요.
- 파손된 책은 구입하신 서점에서 교환해 드리며 책값은 뒤표지에 있습니다.

이 도서의 국립중앙도서관 출판시도서목록(CIP)은 e-CIP홈페이지(http://www.nl.go.kr/ecip)와 국가자료공동목록시스템
(http://www.nl.go.kr/kolisnet)에서 이용하실 수 있습니다. (CIP제어번호 : CIP2014000686)

살아가는 힘이 되는 책 흐름출판은 막히지 않고 두루 소통하는 삶의 이치를 책 속에 담겠습니다.

리더,
독해
져라

현장은 독해졌는데 리더들은 과연?

| 강진구 지음 |

흐름출판

지금 우리는 독한 리더를 필요로 한다

2009년 〈포춘〉이 '지난 10년간 최고의 CEO'로, 2013년 〈파이낸셜타임즈〉가 세계 100대 기업 CEO 중 최고의 리더로 선정한 사람은 혁신 조직 애플을 일구어낸 스티브 잡스다. 그는 뛰어난 천재성을 지녔으며 포기를 모르는 집요함과 놀라우리만큼 단호한 기질로 구성원 한 명 한 명에게 영감을 불어넣었고, 결국 조직 전체를 공명시켜 아무도 상상하지 못했던 성과로 세상을 놀라게 했다. 그러나 2011년 타계한 잡스는 생전에 리더십으로는 그다지 인정받지 못했다. 오히려 괴팍한 기질로 입방아에 오르내렸던 독재자요, 고집불통의 괴짜로 비난받는 경우가 더 많았다. 본받을 만한 리더십이라곤 찾아보기 힘들었던 그가 어떻게 이처럼 전 세계로부터 탁월한 리더, 최고의 리더로 인정받게 된 것일까?

따뜻한 인간미, 배려와 경청, 희생과 존중이 리더십의 핵심처럼 받아들여지는 시대에 잡스와 같은 괴팍한 리더십이 성공한 것은 분명 '이상'해 보인다. 그런데 위대한 리더로 인정받는 이들을 잘 살펴보면 훌륭한 인격과 인자한 성품과는 거리가 멀어 보이는 경우가 의외로 많다. 인텔의 앤디 그로브, GE의 잭 웰치, 아마존의 제프 베조스, 교세라의 이나모리 가즈오, 일본전산의 나가모리 시게노부 등 대표적인 경영계 리더는 물론, 영국 축구계의 거장 알렉스 퍼거슨 감독이나 헐리우드 영화계의 거장 제임스 카메론 감독 등 위대한 리더로 인정받는 상당수가 잡스만큼이나 괴팍하고 몰인정하며 남의 말에 관심이 없는 독단적 리더들 아니었던가?

그렇다고 해서 부드럽고 다정다감한 스타일로는 훌륭한 리더가 되기 힘들다는 얘기도 성립하지 않는다. 잡스의 라이벌인 마이크로소프트의 빌 게이츠나 애플을 능가하는 혁신 기업 구글을 이끌고 있는 래리 페이지, 세르게이 브린과 같은 리더들은 적어도 겉으로는 다정하고 부드러운 사람들이다. 스티브 잡스처럼 직원에게 모욕을 주거나 일본전산의 나가모리 시게노부 사장처럼 호통으로 직원들을 길들이는 것과는 거리가 멀다. 세계 최고의 직원 복지로 유명한 통계 패키지 기업 SAS의 짐 굿나잇 회장이나 불황기 독보적인 성장으로 주목을 끈 미라이공업의 야마다 아키오 사장, 가장 인간적인 기업을 추구하면서도 지속 성장을 이어가고 있는 고어 사의 윌리엄 고어 같은 리더들은 아예 직원들에게 업무와 관련된 얘기조차 하지 않는다.

이처럼 '성공해서는 안 될 것만 같은' 괴팍한 리더들이나, '성공하기 힘들 것 같은' 뭔가 느슨해 보이는 리더들이 조직과 사업을 성공으로 이끈 원천은 무엇일까? 분명한 것은 이들이 보여준 외형적 모습에서는 답을 찾기 어렵다는 점이다.

전혀 공통점이 없어 보이는 리더들이 조직과 사업을 성공으로 이끈 비결은 한마디로 '독한 리더십'이다. 위대한 리더는 언제나 독한 리더였다. 겉으로 드러난 모습은 다양해도 이들의 리더십을 관통하는 거의 유일한 공통분모는 '독함'이다. 예를 들어 리더의 스타일은 천지차이지만 애플이나 고어에는 짐 콜린스가 위대한 기업의 성공 요소로 단언한 '광적인 규율 fanatic discipline'이 엄격히 작동하고 있는데, 이는 리더가 웬만큼 독하게 마음먹지 않으면 어려운 일이다.

여기서 말하는 독한 리더십은 잡스의 성격과 같이 외형적 모습을 말하는 것이 아니다. 또 사리에 맞지 않는 일을 독단적으로 밀어붙이는 것은 더더욱 아니다. 오히려 자신의 역량과 환경에 대해 냉정하게 판단하지 못하고 조직 전체를 좌초시키는 경영인들의 모습에서 우리는 잘못된 '독함'을 발견한다. 독한 리더십의 핵심은 원칙과 신념에 한 치의 양보도 없는 내면의 독함, 자신에 대한 독함이다.

리더가 독해져야 하는 이유는 간단하다. 조직을 살리기 때문이다. 리더가 독하지 않은 조직은 살아남기 어렵다. 혹여 운이 따라 성과를 내더라도 그 성공이 지속되지 못한다. 지속적인 성과를 내고, 위기를 극복한 조직에는 반드시 독한 리더가 있다. 독한 리더라고 해서 다 성공하는 것은 아니지만, 분명 성공한 리더들은 누구보다 더 독했다.

우리나라 스포츠 사상 세계적으로 가장 인정받는 종목은 다름아닌 양궁이다. 양궁이 비인기 종목의 서러움 속에 국산 활이라곤 전무했던 불모지에서 지금과 같은 세계 최고의 경쟁력을 갖추기까지 그 이면에 '훈련 독종', '독종 감독'이라 불리던 서거원 감독의 독한 리더십이 있었다.

국내 최고의 인기 스포츠인 프로야구에도 독한 리더십을 발견할 수 있다. 2000년대 중반 당시 약체로 평가받았던 팀 SK와이번즈를 맡아 한 번도 아닌 세 번씩이나 한국시리즈를 제패한 김성근 감독이 바로 주인공이다. 그는 언제나 "한계를 먼저 인정하지 마라"라고 외치며 선수 하나 하나의 잠재력과 장점을 최대한 이끌어내기 위해 독하게 매달렸다.

지금 우리가 독한 리더십에 주목해야 하는 이유는 그만큼 절실하기 때문이다. 외환위기 이후 우리 기업의 리더들은 전통적 가치관과 서구 합리주의 가치관의 혼란 속에서 리더십의 방향을 잃고 있다. 구성원들 역시 리더십에 대한 갈증이 커지고 있다. 그러나 안타깝게도 점점 더 벌어지는 세대 간 가치관 차이와 개인주의 세태를 잘 극복하고 조직의 성과와 개인의 성장을 이끌어 줄 만한 리더십은 목격하기가 쉽지 않다. 오히려 많은 리더들이 이런저런 리더십 모델과 이론에 휘둘리다 마치 발에 맞지 않는 구두를 신은 것처럼 갈팡질팡하곤 한다.

이런 현실은 리더십을 연구하는 한 사람으로서 우리 조직과 리더에게 진정 도움이 되는 리더십 가이드에 대한 고민을 하지 않을 수 없게 만들었다. 그리고 이 책에서 소개하는 '독한 리더십'은 고민의 구체화된 결과물이다. 독한 리더십이 다양한 리더십 질환을 모두 치료하는 만병통치약은 아니다. 그러나 리더십을 고민하는 이에게 조금이라도 도움이 된다면 그보다 더 충분한 의미는 없을 것이다.

이 책은 크게 세 부분으로 구성했다. 먼저 1장의 주제는 '왜 리더가 더 독해져야 하는가'이다. 지금 우리 리더십의 문제점은 무엇인지 살펴볼 것이다. 그리고 그 결론으로서 우리 리더에게 지금 필요한 것이 바로 '독한 리더십'이라는 점을 밝히고자 한다. 2장은 그렇다면 과연 '독한 리더십'이란 무엇인가에 해당하는 이야기다. '독한 리더십'의 실체를 좀더 자세히 해부해볼 것이다. 마지막 3장에서는 독한 리더십이 지금 우리에게 필요하고 또 중요하다면 어떻게 그것을 확보할 수 있는지에 대해 생각해보고자 한다.

나의 생각이 한 권의 책이 되게 하신 하나님께 감사드리며, 헤아리기 어려울 만큼 많은 분들의 직간접적인 도움이 있었음을 고백한다. 연구 기회와 여건을 허락해주신 LG경제연구원과 언제나 지적 자극과 도전이 되어주시는 연구원 동료들에게 깊은 감사를 전하며, 항상 기쁨과 안식이 되는 소영, 찬혜, 찬영에게도 이 지면을 통해 사랑과 고마움을 표한다.

강진구

차례

| 머리말 | 지금 우리는 독한 리더를 필요로 한다 / 004

1장 / 리더, 도대체 무엇이 문제인가

| 들어가며 | 낙제 점수표를 받아든 리더들 / 014
결단과 실행에 주저하는 리더 / 019
끝까지 해보기도 전에 포기하는 리더 / 026
인기에 목매는 리더 / 033
자만하고 안주하는 리더 / 041
리더십 트렌드만 좇아 기웃거리는 리더 / 048
| 독한 리더십 특강 | 리더십에도 유행이 있다 / 052
| 독한 리더십 특강 | 탁월한 리더에 대한 오해와 진실 / 056

2장 / 독한 리더는 누구인가

| 들어가며 | 왜 괴팍한 리더가 성공하는가? / 062
부드러우면서도 독하다 / 071
직원의 가치를 인정한다 / 080
원칙에 한 치의 양보 없다 / 088
내면의 진심으로 소통한다 / 096
위기에 더 빛난다 / 104
자신만의 리듬을 탄다 / 111
완벽의 완벽을 추구한다 / 120
과정이 주는 가치를 높이 산다 / 128
중요한 것을 포기한다 / 134
독하게 인재를 키운다 / 144
| 독한 리더십 특강 | 구원투수에게 리더십을 배우다 / 152

3장 / 어떻게 독한 리더가 될 것인가

| 들어가며 | 성공적인 실패를 계속하라 / 168
한계라는 단어부터 지워라 / 172
남과 달라지는 것에서 시작하라 / 179
자신에게 가장 독해져라 / 188
실행 자체에 몰입하라 / 196
위기를 반드시 기회로 만들어라 / 203
'변화를 거부하는 관성'을 거부하라 / 210
올바른 신념과 원칙에 타협하지 마라 / 218
인격의 성숙함을 목표로 삼아라 / 224
구성원들에게 인정받는 실력을 길러라 / 231
조직과의 일체감을 기본으로 여겨라 / 237
| 독한 리더십 특강 | 포수에게 리더십을 배우다 / 245

참고문헌 / 261

1장

리더, 도대체 무엇이 문제인가

> 들어가며

낙제 점수표를 받아든
리더들

　LG경제연구원에서는 우리나라 기업의 리더십 수준을 분석하여 점수를 매긴 내용을 발표했다(2008년 10월). 국내 다양한 형태의 직장에 근무하는 20대에서 50대까지를 대상으로 설문 조사한 결과를 토대로 한 점수는 100점 만점에 44.1점이었다. 한마디로 한국 기업의 리더십은 낙제점이란 의미다. 특히 '현재 일하고 있는 상사와 다시 일해 볼 생각이 있는가?'라는 항목에서는 39.5점에 그쳐 10명 중 6명이 지금의 리더와 다시 일하고 싶은 생각이 없는 것으로 나타났다.

　　　비슷한 조사 결과를 봐도 우리 기업의 리더들은 리더십에서 낙제점이 아니라고 반박하기 어렵다. 〈동아비즈니스리뷰〉에서 실시한 직속 상사의 리더십 역량에 관한 설문조사에서 상사 만족도는 35퍼센트에 불과한 것으로 드러났다(2008년 12월). 또한 2011년 기업교육 전문기업 휴넷이 팀원급 직장인 634명을 대상으로 팀장에 대한 만족도를 조사한 결과에서도 만족한다는 응답이 37.8퍼센트에 불과했다.

다른 나라의 경우와 비교해 보면 어느 정도일까? 안타깝게도 그 결과는 더욱 처참하다. 〈한겨레신문〉에 실린 '2010 글로벌 인적자원보고서' 컨설팅 결과에 따르면 미국, 중국, 영국 등을 포함하는 22개국에서 근로자 2만여 명을 대상으로 한 리더십 관련 설문조사에서 우리나라는 경영진 리더십 항목에서 최하위를 기록하고 말았다(2010년 4월 20일자).

직장인들이 퇴근 후 술자리에서 리더에 대한 소위 '뒷담화'를 안주 삼는 일상은 어제오늘의 이야기가 아니다. 그런 방식으로 스트레스를 푸는 직장 문화에 문제가 있는 것이 아니라, 그런 행태가 수십 년간 반복되고 리더에 대해 불만을 토로하던 이가 다시 리더가 되고 있지만 우리 기업의 리더십 수준이 나아지지 않는다는 점이 문제라고 할 수 있다.

더 심각한 것은 기업 리더들이 느끼는 무력감과 절망감이다. 많은 리더들이 문제를 인식하면서도 극복하려고 애써 노력하지 않는다. 리더십 혼란이 빚어내는 문제의 책임을 자신이 아닌 조직

여건이나 구성원들에게 돌리기도 한다.

"이렇게 배려해주고 이해하려 노력했는데도 왜 리더의 노고를 몰라주지?"
"맡기고 믿으면 더 잘해올 줄 알았는데 오히려 더 엉망이라 차라리 일일이 간섭하는 게 서로 편한 것 같다."
"친근하고 편하게 대하려고 노력했더니 돌아오는 것은 만만하게 보는 말투와 태도뿐이었다."
"윗사람에겐 부하에게 휘둘리는 상사로 찍히고, 아랫사람에겐 만만한 상사로 여겨지는 것 같아 절망감이 든다."

이처럼 팀장 이상급에서 들을 수 있는 목소리처럼 나름대로 열심히 노력했는데도 현실에서 부딪히는 혼란의 벽 앞에서 많은 리더들이 절망하고 있다. 리더십 교육과 훈련도 받고, 거기서 보고 듣고 배운 대로 스스로 권위를 내려놓고 조직의 변화를 위해 노력하지만 뭔가 기대에 못 미친다. 자신의 진심을 믿고 따라와주기를 기대했던 부하들이 오히려 상사를 얕보는 것 같고 너무 제멋대로인 것 같다. 그러나 그럴 때일수록 리더는 자신을 더 냉철하게 돌아보아야 한다. 리더십 자질, 능력, 기술, 스타일을 객관적으로 돌아보고 끊임없이 노력할 때 비로소 더 나은 리더가 될 수 있기 때문이다.

한편, 구성원들이 리더와 그의 리더십에 불만을 갖는 이유는 크게 두 가지다. 먼저 리더가 너무 억압적이고 구시대적인 권위주의로 조직을 이끌려고 하는 경우다. 이런 경우라면 리더가 자신의 리더십에 어떤 문제가 있는지 잘 인식하지 못하는 경우가 많다. 이와 정반대로 리더가 너무 소심하거나 유약할 때, 상사로서 갖춰야 할 최소한의 결단력, 통솔력이 부족할 때도 지나치게 강압적인 리더만큼 아니 그 이상으로 부하들을 힘들게 한다.

강압적이고 권위주의적 리더라면 조직에 더 큰 피해를 주기 전에 리더십 문제가 곪아터지기 쉽다. 문제가 쉽게 발견되기에 리더십 교체 등 해결책도 상대적으로 간단하다. 그런데 소심하고 유약한데 착하기만 한 리더라면 해결책이 쉽지 않아 조직에 큰 불행이 된다. 리더가 믿고 맡기지도 않으면서 스스로 확신을 갖고 끌어주지도 않는다면 그야말로 최악의 상황이 된다. 역량을 펼치지 못한 인재는 떠나가고 조직 역량은 서서히 떨어진다. 이런 리더를 따라가야만 하는 부하의 고충은 경험해보지 못한 사람은 모른다. 차라리 진시황제 같은 폭군을 모시면 더 속 편하다고 하소연할 정도다. 리더가 부드러운 스타일이라 좋겠다는 속 모르는 소리가 들릴 때마다 대놓고 아니라고 말하기도 어려워 한숨만 나온다.

지금 우리 기업 현장에서 볼 수 있는 가장 경계해야 할 리더십 문제를 구체적으로 파헤쳐보자. 대표적으로 지양해야 할 리더십 유형으로 결단과 실행에 주저하는 '우유부단형' 리더, 끝까지 해보지도 않고 포기하는 '중도포기형' 리더, 인기에 목매는 '착함추구형' 리더, 작은 성공에도 '이 정도면 되겠지' 하며 안주하는 '자기만족형' 리더, 리더십 트렌드만 좇는 '기웃기웃형' 리더 등을 꼽을 수 있다.

결단과 실행에 주저하는 리더

    옛날 중국의 사마광이 어렸을 적 일이다. 함께 놀던 친구가 커다란 항아리에 빠지고 말았는데 하필이면 그 항아리에는 물이 반 이상 담겨 있어 허우적거리게 되었다. 달려온 동네 어른들이 사다리를 내려라, 밧줄을 가져오라며 허둥대는 사이 물에 빠진 친구는 금방이라도 익사할 것만 같았다. 그때 사마광은 옆에 있는 돌을 들어 큰 항아리를 깨뜨렸다. 덕분에 조금만 늦었더라도 생명을 잃을 뻔했던 친구는 목숨을 건졌다.

동네 어른들이라고 항아리를 깨면 아이를 쉽게 구할 수 있음을 몰랐을 리 없다. 다만 그 귀한 항아리를 깨야 할지, 항아리를 깨뜨리면 그 손해는 누구 책임인지와 같은 생각으로 결단을 내리지 못했을 뿐이다. 사마광이 본 동네 어른들을 우리는 여전히 조직 안에서 많이 본다. 우리 스스로 그 동네 어른이 되기도 한다. 사업과 조직을 이끌어가는 리더로서 중요한 의사결정의 순간에 책임에 대한 두려움, 실패에 대한 염려로 주저하다 결국 타이밍을 놓치고 마는 리더들이 바로 이런 어른들이다.

유우부단이 가져온 역사의 불행

"장고長考 끝에 악수惡手"라는 바둑에서의 교훈은 현대와 같은 스피드 시대에 진리다. 완벽한 준비를 기다리느라 중요한 순간에 결단하고 실행하지 못하는 조직은 사업에도, 조직운영에도 실패하기 쉽다. 신중한 분석 끝에 판단이 섰다면, 위험을 감수하고 단호하게 결정하고 실행할 때 성과를 맛볼 기회가 돌아오는 법이다. 주저하고 머뭇거리는 리더는 조직이 성공할 수 있는 기회조차 잡기 어렵다.

2차 세계대전 당시 영국의 체임벌린 수상은 전쟁 발발 전까지만 해도 나쁘지 않은 평판을 듣던 리더였다. 그러나 이는 단지 그의 리더십이 시험대에 오를 극적 상황이 없었기에 그럴 수 있었다. 노골적으로 전쟁 의지를 드러내던 히틀러가 드디어 1936년 라인란트 지역을 침공했을 때 예상과는 달리 체임벌린 수상은 별다른 움직임을 보이지 않았다. 이미 1차 세계대전으로 지친 상황에서 공연히 독일의 심기를 건드려 또 한 번의 전쟁이 일어나는 사태가 발생하지 않기를 바랐던 것이다. 아주 쉽게 라인란트를 점령한 히틀러는 이런 영국의 태도를 보고 자신의 야망을 실현할 절호의 기회가 왔다는 생각을 하게 된다. 유럽 대부분이 히틀러 손에 장악되는 불행에 좀더 일찍 대처할 수 있었던 기회는 사마광이 본 동네 어른과 같았던 체임벌린 수상의 우유부단함 때문에 허무하게 날아간 것이다.

그러나 이는 시작에 불과했다. 체임벌린이 보여준 최악의 리더십은 1938년 뮌헨조약 체결에서 드러났다. 독일이 오스트리아를 합병하고 나서 인접한 체코슬로바키아와의 국경지대인 주테덴란트 지역을 점령하려 할 때, 체임벌린은 거기까지만 양보하면 히틀러의 야욕을 잠재울 수 있을 것이라 오판했다. 체임벌린의 순진함을 비웃기라도 하듯이 히틀러는 체코를 합병하고 폴란드를 침공하면서 2차 세계대전을 일으키게 된다. 결국 사태에 대한 책임을 지고 처칠에게 영국 수상 자리를 넘길 수밖에 없었던 체임벌린이 초기에 좀더 단호했더라면 역사는 달라졌을 것이다.

1차 걸프전 당시 아홉 대의 전차로 구성된 미군의 기갑수색연대 독수리중대는 맥마스터 대위의 지휘로 모래바람을 가르며 사막을 지나고 있었다. 약간 경사진 언덕의 정상을 찍고 반대편으로 내려갈 때쯤, 모래바람으로 숨도 제대로 쉬지 못하는 상황에서 눈앞의 엄청난 규모의 사담 후세인의 공화국 수비대 전차와 장갑차를 만났다. 양측 모두 깜짝 놀랐다. 맥마스터 대위는 상관에 보고하거나 정보 분석을 위해 컴퓨터에 접속할 겨를도 없이 포병에게 '발사'를 크게 명령했다. 재빨리 공격해서 허를 찌르는 것이 후퇴하는 것보다 덜 위험할 것이라는 순간적인 판단에서였다. 이라크 탱크 한 대가 즉시 파괴되었고 3초마다 재장전과 발포를 반복하면서 적군 탱크 몇 대가 더 불길에 휩싸이자, 독수리중대의 나머지 탱크들도 언덕에 올라 발포하기 시작했다. 우수한 무기 덕을 보긴 했지만, 그렇게 미군 독수리중대는 아홉 대의 탱크로 부상자 한 명 없이 90대에 가까운 이라크 탱크를 초토화시켰다. 민첩하고 효과적으로 수행된 이 놀라운 교전은 현재 미 육군사관학교에서 '73 이스팅 전투'라는 이름으로 연구되고 있다.

2차 세계대전의 비극은 리더가 최악의 상황임에도 최선을 기대하고 머뭇거린데서 시작되었다. 반면 맥마스터 대위의 빠른 판단과 부대원의 실행력은 대규모 이라크 기갑부대를 갑자기 만난 독수리중대를 위험에서 건져내고 최고의 승리로 이끌었다.

휴렛팩커드HP의 전 CEO 칼리 피오리나는 "효과적인 팀워크는 점잖은 예의와 배려 이상의 것이어야 한다"고 말했다. 갈등을 회피하려는 리더의 지나친 배려가 오히려 조직의 실행력과 팀워크를 해칠 수 있다는 말이다. 리더의 우유부단함은 비즈니스 전쟁을 벌이는 기업 경영에서도 가장 피해야 할 적이다.

실행해야 성공할 수 있다

지금 우리가 편리하게 사용하는 컴퓨터의 마우스를 최초로 개발한 기업은 제록스다. 그러나 이를 대중화시켜 성공시킨 이는 애플의 스티브 잡스다. 제록스의 팰러알토연구소는 1973년 마우스를 이용하는 미니컴퓨터 제록스 앨토를 개발했지만 이를 상업화할 수 있을지 확신하지 못했다. 아마 언젠가는 가능하리라 생각했지만 좀더 연구해야 할 기기로 여겼는지도 모른다. 그러나 1979년 스티브 잡스는 팰러알토연구소를 방문했을 때 마우스를 처음 보자마자 단박에 이 혁신적 제품의 잠재성을 알아보았다. 그리고 그 즉시 상품화 연구에 들어가 1984년 출시된 매킨토시를 통해 마우스를 대중에게 선보였다. 주저하고 머뭇거리던 제록스는 자신의 기술을 훔쳐가 승승장구하는 잡스를 쳐다볼 수밖에 없었다. 스티브 잡스는 이렇게 말했다.

"제록스는 오늘날 컴퓨터 산업 전체를 지배할 수도, IBM과 마이크로소프트의 열 배가 넘는 규모의 기업이 될 수도 있었지요. 컴퓨터 산업에서 가장 위대한 승리를 할 수 있었던 제록스였지만 결국 주저하는 바람에 패배했습니다."

제록스의 리더들은 자신의 발명품에 대한 자부심이 지나쳐 아무도 단기간에 흉내 내지 못하리라 생각했는지도 모른다. 그러나 그 결과는 경쟁자의 성공을 지켜보는 처량한 신세였다.

히말라야 산맥의 8,000미터 이상 고봉을 등반하는 일은 산악인들에게 '무에서 유를 창조하는' 행위로 여겨진다. 그만큼 예상하지 못한 많은 난관을 극복해야 한다는 의미다. 이런 고봉 등반에서는 리더의 결단력이 더욱 중요하다. 지혜로운 리더는 날씨와 체력을 섬세하게 고려하고 필요하면 정상이 눈앞에 있더라도 단호하게 하산을 결정해야 한다. 그리고 그 결단은 1초라도 늦어서는 안 되며 실행에 조금의 머뭇거림도 용납되지 않는다. 리더는 대원의 정상 정복 욕망을 누구보다 잘 알기에 가장 독해야 할 사람이다. 마음이 약해지면 판단력이 흐려지고 결단이 늦어진다. 며칠을 고생해 오른 정상이지만 머무르는 시간은 수십 초에 불과하다. 정상 등극에 도취되어 시간을 더 보내다간 생존을 보장하지 못한다.

기업의 리더들이 결단과 실행에 머뭇거리는 이유는 다양하다. 목표 달성 욕구가 너무 커서 포기하지 못해 머뭇거리기도 하지만, 목표 의식이 투철하지 못해서 약간의 어려움에도 낙심하곤 한다. 어떤 때는 목표 자체가 명확하지 않아 결단하지 못하기도 한다. 실패했을 경우를 너무 우려하거나 부작용을 지나치게 두려워하는 것도 주된 이유다. 또한 리더가 지나친 완벽주의에 사로잡혀 준비에만 신경 쓴다거나 '독단'으로 왜곡되고 비난받을까 두려워 결단을 못 내리는 것도 우유부단형 리더십에 속한다.

조직 변화의 출발은 리더의 결단과 실행이다. 아무리 힘들고 어렵더라도 리더가 이 짐마저 내려놓을 수는 없다. 조직에 성공의 기회를 안겨주는 리더가 되려면 과감하게 결단하고 신속하게 실행할 줄 알아야 한다. 더 중요하게는 무른 리더십에서 탈피해야 한다. 급속한 변화의 시대, 리더가 가장 경계해야 할 평가는 '두드리기만 하다 결국 돌다리를 건너고 싶어도 못 건너게 되고 말았다'일 것이다.

끝까지 해보기도 전에 포기하는 리더

    2010년 LG와 삼성의 LCD TV가 전 세계를 휩쓸던 초기 무렵이다. 전통적으로 유럽 가전시장을 선도해온 스웨덴, 노르웨이, 핀란드 3국에 이르는 북구 시장에서 소니의 LCD TV가 반값에 출시된 사건이 있었다. 한국 기업과 경쟁하던 소니의 상식 외의 공세에 당시 한국 기업들은 현지 정보를 믿지 않을 정도였다. 한국 기업들을 경악시켰던 소니의 가격 공세는 '아웃소싱' 전략을 통해 원가를 낮추었기에 가능했다. 기술력으로 도저히 한국

제품을 따라잡기 어려워진 소니에게 최후의 수단이 단가 경쟁이었던 것이다. '기술의 소니'가 성능과 디자인이 아닌 가격으로 승부할 줄은 아무도 예상하지 못했다. 더 충격적인 것은 소니의 브랜드 네임이 무색할 정도로 조잡한 제품의 질이었다. 결국 이후 소니는 과거의 영광을 회복하지 못하고 시장에서 자존심을 구겼다.

중도포기는 몰락을 부른다

당시 소니의 하워드 스트링거는 회사 역사상 처음으로 투입된 외국인 CEO였다. 그러나 아쉽게도 스트링거는 일본 기업의 혼과 열정을 되살리는 데 실패했다. 엔고와 같은 외적 환경 탓도 없지 않았지만, 기술력에서 한국 기업을 따라잡을 수 없었던 것이다. 소니의 자존심이었던 TV 사업에서 LG와 삼성에 밀리게 되자 스트링거는 '기술의 소니'라는 회사의 철학을 포기하는 것으로 비쳐지는 전략을 취한 것이다.

기술의 소니를 포기한 스트링거의 전략은 자부심으로 버텨온 엔지니어들의 자존심을 무너뜨렸다. 최고의 제품을 개발하겠다는 열정을 한순간에 식혀버린 것이다. 이런 충격은 이후 소니가

TV 사업에서 회복하지 못한 가장 근본적인 이유가 되었다. 결국 소니는 본사 건물까지 매각해야 할 정도로 실적 부진이 장기화되고 있다.

플레이스테이션 해킹과 고객정보 유출 사건 발생 시 스트링거가 보여주었던 리더십은 그의 몰락에 치명적이었다. 처음에 소니는 기본 정보만 탈취당한 것으로 믿었지만 곧 신용카드 데이터도 함께 유출된 것으로 드러났다. 그러나 스트링거는 대응에 미적거렸다. 앞에 나서는 것은 자신의 책임을 너무 쉽게 인정하는 것이었기에 대응책 마련과 사태 관망을 위해 시간을 끌었다. 투자자들은 총수가 문제를 받아들이고 사과하는 데 왜 그처럼 오랜 시간이 걸리는지 모르겠다며 불평했다.

지난 2008년 소니의 노트북용 배터리 리콜 사태가 발생했을 때도 제때 제대로 사과하지 않았던 스트링거의 우유부단함이 다시 도마 위에 올랐다. 결국 소니는 2012년 스트링거를 쫓아내고 말았다.

중간에 이랬다저랬다 하는 리더십도 도중에 포기하는 것만큼이나 조직에 해롭다. 조직의 정력을 낭비시키기 때문이다. 임진왜란 당시 풍전등화 같은 위기 속에서 나라를 위한 일심밖에 없었던 이순신 장군을 대했던 선조의 태도는 일관성 없는 리더십의 전형이다. 선조는 류성룡의 천거를 적극 받아들여 이순신을 전라좌수사에 임명할 정도로 이순신의 최대 지지자였다. 삼도수군통제사라는 지위를 새로 만들어 이순신을 그 자리에 임명한 것만 봐도 이순신 장군에 대한 선조의 신뢰와 애정을 잘 알 수 있다.

그러나 선조는 자신이 임명한 장수를 끝까지 믿고 신뢰하지 못했다. 정유년 다시 부산으로 밀려오는 왜군을 향해 진격하라는 자신의 명령을 이순신이 즉시 이행하지 않자, 앞뒤 따져보지도 않고 괘씸하게 여겨 신뢰를 거둬들이고 만 것이다. 결국 이순신을 관직에서 몰아내고 원균을 그 자리에 대신 지휘관으로 삼는다. 원균은 현장에 가서야 이순신의 항변을 이해하지만 선조의 명을 거역할 배짱이 없었다. 그대로 출격하고 만 그는 결국 대패하고 만다. 이후 조선 백성이 겪어야 했던 고초는 말로 설명할 필요조차 없다. 뒤늦게 깨달은 선조가 이순신을 다시 등용했고, 그때 이순신은 남은 12척의 배로 수백 척의 왜군 전함에 맞서야 했다. 역사에 가정은 없지만, 만약 선조가 이순신에 대한 신뢰의 일관성을 유지했더라면 임진왜란 당시 백성이 겪어야 했던 고통은 훨씬 줄어들었을 것임은 자명하다.

집요함만이 성과를 얻는 열쇠다

　기업 현장에서 조직을 이끄는 리더들 가운데 적지 않은 수가 중도에 발생하는 예상치 못한 일들로 초기에 지녔던 열정과 신념을 거둬들이고 만다. 당초 계획했던 목표보다 환경 변화에 더 신경을 쓴다. 어려움에 타협하여 기대 수준을 낮추거나 수정한다. 그러다 보면 자신도 모르는 사이에 문제를 최소화하는 것이 더 큰 목표가 되어 버린다.

　반대로 설령 조금 불합리해 보이더라도 한 번 정한 목표는 이루고야 말겠다는 불굴의 의지를 보여주는 집요함은 과정에서 의외의 과실을 수확하는 경우가 많다.

　세상을 바꾼 제품, 애플의 아이팟과 아이튠즈는 스티브 잡스의 집요함 속에서 의외의 동기로 세상에 나온 제품이다. 잡스가 당초 가지고 있던 열망은 단지 소니의 고급 스테레오에서 멋지게 트레이를 여닫는 슬롯 드라이브와 같은 CD 트레이를 아이맥에 장착하겠다는 것이었다. 그런데 아이맥 개발 책임자들은 이를 반대했다. 파나소닉에서 읽고쓰는 CD 드라이브가 새로 출시될 예정이었기 때문이다. 그러나 리더로서 잡스가 지닌 신념은 기능이 아닌 '느낌'이었기에 그는 끝까지 가보고 싶었다. 결국 아이맥의 CD 트레이는 소니의 슬롯드라이브 형태로 장착되었고 개발 책임자들의 우려는 현실이 되었다. 고객들은 멋지게 여닫히는 CD트레이보다 듣고 싶은 음악을 편하게 구워 사용하는 제품을 원했고 애플은 이에 제대로 대응하지 못했던 것이다. 그러나 스티브 잡스는 문제의 본질이 기술에 있지 않고 소비자들의 음악에 대한 욕구 변화에 있음을 간파했다. 그리고 아이팟과 아이튠즈를 기획하게 된다. 결국 끝까지 포기하지 않는 집요함이 실패를 실패 아닌 성공의 반석으로 만든 것이다.

끝까지 해보기도 전에 중도에 포기하는 리더는 큰 실패는 면할 수는 있다. 그러나 그것이 조직의 성공이나 생존을 보장하지는 못한다. 실패학 전도사로 더 잘 알려진 작가 마이클 럼은 그의 저서 《성공이 늦어질 뿐 실패는 없다》에서 실패를 두려워하지 않는 높은 용기와 그 실패로부터 배우려는 높은 의지가 있는 실패를 '정복자형 실패'라며 창조적 기업에서 보여지는 전형적인 실패로 본다. 칼럼리스트이자 베스트셀러 작가인 팀 하포드는 《어댑트》에서 불확실성의 시대에 실패의 가능성을 항상 인정하고 그 실패를 대비하며 각각의 실패로부터 무엇을 배울 것인가를 고민할 수 있어야 한다고 역설한다.

영국의 스티브 잡스라 불리는 제임스 다이슨은 전 세계 진공청소기에서 먼지봉투가 모조리 사라지게 만든 장본인이다. 그는 봉투 없는 진공청소기를 개발할 때 5,126번의 실패 끝에 5,127번째 시제품에서 비로소 성공했다는 일화로도 유명하다. 그가 주장하는 성공의 비결은 '계속 실패하는 것'이다. 실패가 두려워 중도에 포기하고 싶은 유혹을 경험한 리더라면 한 번쯤 되새겨 볼 만한 실패학 금언들이라고 할 수 있다.

인기에 목매는 리더

    2012년 초 국내 프로농구 리그에서는 이상한 일이 벌어졌다. 리그가 시즌 막판을 향해 가고 있을 즈음, 우승후보로 주목 받았던 A팀이 최하위로 처진 것이다. A팀은 대학리그를 통해 국내 최고의 지도자라 불렸던 김 감독이 이끌고 있었고, 국가대표 출신 스타급 선수들이 주전 라인업에 즐비했기에 시즌 막판까지 이어진 그와 같은 부진은 충격적이었다. A팀 부진의 원인에 대해 팬들의 갑론을박이 이어지는 등 관심이 고조되고 있을 때, 한 스포츠 신문에 게재된 기사는 아무도 예상치 못했지만 핵심을 찌르듯 통렬했다. 기사 제목은 "A구단, 감독의 착한 리더십이 문제다"였다.

기사가 나온 그날도 어이없는 실수로 형편없는 경기력을 보인 A팀 선수들의 얼굴에는 짜증만 가득했다. 적극성이라곤 찾아보기 어려웠고 일부 선수는 나태해 보이기까지 했다. 시즌 순위가 거의 확정된 상대팀에서는 2진급 선수들을 나왔지만 A팀은 대패하고 말았다. 이날 경기는 A팀의 문제점을 가장 극명하게 드러내고 말았다. 팀을 이끄는 스타급 선수들은 감독의 작전 지시와는 따로 노는 듯 보였고, 감독은 그 선수들에게 제대로 쓴소리 한마디 못했다. 한번 해보자고 선수들을 독려하는 구심점도 없었고 열정에 찬 목소리도 없었다. 작은 실수에도 펄쩍 뛰며 과장된 액션으로 선수들에게 신호를 보내는 상대편 감독에 비해 어처구니없는 실수에도 팔짱을 낀 채 조용히 경기를 응시하는 김 감독은 승패를 초월한 경기분석요원같이 느껴질 정도였다.

김 감독의 리더십을 '착해서 문제'라고 분석한 기사에 따르면, 김 감독은 부임 초인데다 실력 있는 선수들이니 개성을 존중하고 사정을 배려함으로써 선수들의 마음을 얻는 것을 더 중요하게 여겼다고 한다. 그런데 감독의 착한 성품이 프로팀에서는 전혀 먹혀들지 않았다. 좋은 소리를 귀담아 듣고 배려를 감사해 하기보다 자신의 실력만 믿는 선수가 더 많았다. 감독이 카리스마를 보이지 못하고 스타급 선수들의 눈치를 보는 것으로 비쳐지자, 대다수 선수들은 팀을 위한 희생보다 개개인의 성적 챙기기에 바빴다. 실제 경기를 뛰면서 동료의 실수에도 짜증을 보이는 경우가 적지 않을 정도였다.

 김 감독이 A팀에 부임하기 전에 성공을 거둔 대학리그는 프로리그와 전혀 달랐다. 잘난 선수들이 많은 프로팀과 달리 대학팀에서는 감독의 말이라면 죽는 시늉까지 하는 선수들이 대부분이었다. 그들에게 김 감독이 기존의 폭압적인 스타일과 달리 조금만 세심하게 배려해주자 그야말로 없던 기량까지 짜낼 정도로 선수들이 감독을 전적으로 의지했고 똘똘 뭉쳐 좋은 성과를 냈던 것이다.

 최고의 스타 선수로 구성된 명문 구단이 리그 순위표에서 최하위를 맴돌게 된 희한한 일을 감독의 리더십 하나에서만 찾는 것은 무리일지 모른다. 그럼에도 리더가 구성원들의 눈치를 보는 '착한 리더십'이 팀 실패의 중요한 원인 중 하나였음은 부인하기 어렵다. 김 감독의 리더십은 한마디로 개성 강한 선수들에 휘둘리고 만 무르고 유약한 리더십이었다.

독한 사람이 착하다

　재무설계 컨설턴트로 재무 문제뿐만 아니라, 인생 전반에 관한 삶에 대한 상담으로 인기를 끌고 있는 무료 강연사 황성진 씨는 저서 《독한 놈이 이긴다》에서 "독한 사람이 착한 사람"이라 단언한다. 착해지고 싶으면 독해져야 한다는 것이다. 착함이 목표일 때 그 수단은 독함이어야 한다. 착하기 위한 수단으로 착할 때, 현실은 안타깝게도 무력해진다. 그렇기에 진정 착해지려고 하는 이는 독해지지 않으면 안 된다는 것이다.

　직장에서는 부하들이 상사의 눈치를 보는 것만큼이나 리더들도 부하의 눈치를 본다. '수평적 리더십', '서번트 리더십' 등으로 포장된 최근의 리더십 경향들은 과거의 권위주의적 리더십에서 탈피하지 못한 리더들의 '희생'을 강조하고 있기에 더욱 그렇다. 리더십 경향뿐만 아니라 '360도 평가', '리더십 평가' 등 리더가 부하 눈치를 보지 않을 수 없게 만드는 조직시스템들도 확대되고 있다. 오죽하면 요즘 대기업 부장들은 직급은 낮아도 근속 연수가 높아 여론을 주도하는 소위 '왕언니'를 제일 무서워한다는 우스갯소리마저 나올 정도다.

　CEO나 경영진도 크게 다르지 않다. 직원들과 달리 계약직인 임원급 리더들은 자신의 부서에서 공연한 문제라도 생겨 CEO에게 비호감으로 찍힐까 걱정하기도 하고 CEO라 하더라도 임기 동안 뭔가 보여줘야 한다는 부담감이 크다. 이런 부담과 압박은 곧잘 상사는 물론 동료나 부하에게까지 호감을 얻으려는 과도한 노력으로 나타나곤 한다.

애플에서도 착한 리더십이 이슈가 된 적이 있다. 초기 사세를 확장하던 시기에 잡스는 자신이 경영자로 아직 부족하다고 느끼고 훌륭한 CEO를 찾아나섰다. 그리고 당시 펩시에서 이름을 날리던 스컬리를 애플의 CEO이자 자신의 경영 멘토로 영입하게 된다. 몇 번이나 고사하던 스컬리가 "설탕물이나 팔면서 남은 인생을 보내고 싶습니까? 아니면 세상을 바꿀 기회를 붙잡고 싶습니까?"라는 잡스의 도발적인 한 마디로 제안을 받아들인 일화도 유명하다.

문제는 스컬리의 리더십이 잡스가 기대했던 만큼 독하지 못했다는 점이었다. 당시 펩시의 선풍적인 마케팅을 성공적으로 이끌었던 뛰어난 경영자 스컬리였지만, 본인의 분야가 아닌 곳에 이르자 그는 유약하고 소심한 모습을 보였다. 잡스나 애플 직원들의 회고에 의하면 스컬리는 사내 문제를 조정할 때마다 직원들의 비위를 맞추려고 애쓸 정도였다고 한다. 사업보다 직원들과의 관계에 더 치중한 스컬리는 직원들의 보고서에 눈길조차 주지 않거나 보고서를 집어던지는 잡스를 타이르기까지 할 정도였다. 애플과 같이 매일의 혁신과 창조가 일상이 되어야 생존할 수 있는 조직에서 정중하고 예의 바른 타입의 훌륭한 사람 스컬리는 리더로 어울리지 않았다. 결국 그는 2009년 최악의 CEO 중 한 명으로 선정될 정도로 인색한 평가를 받아야만 했다.

손자병법에 "장수가 자상하고 다정하다는 건 부하들의 마음을 잃었다는 뜻"이라는 말이 나온다. 바꿔 말하면 잘 싸우는 장수일수록 병사들에게 불친절하다는 말이다. 장수는 싸움에 패하면 끝이다. 이기지 못하는 장수가 훌륭한 리더일 수 있는가? 아무리 임금이 한심하고 군사들이 오합지졸이라 하더라도 장수에게 그런 여건이 패전의 핑계가 될 수 없다. 따라서 장수에게는 이기는 것 외에는 훌륭한 리더가 되는 길이 존재하지 않는다. 아무리 한심한 병졸이라도 필요하다면 위협하고 때려서라도 전투에 이끌고 나가야 한다. 그러려면 불친절할 수밖에 없다. 장수에게 가장 중요한 것은 이기는 것이지 부하들에게 잘 보이는 것이 아니기 때문이다.

리더십은 인기가 아니라 성과다

미국 CNN 방송이 보도한 캐나다 브리티시컬럼비아대학교의 연구 결과에 따르면 리더는 호감을 받는 것만으로는 조직의 성과 달성을 위해 필요한 영향력을 충분히 행사하지 못한다고 한다. 오히려 비호감을 사더라도 강압적이고 두려움을 안겨줄 수 있는 모습이 성과 창출에 더 효과적이라는 것이다. 리더십개발 회사인 발도니컨설팅의 존 발도니 회장은 "경쟁력 있는 리더가 꼭 착한 사람일 필요는 없다. 리더라면 권위를 잘 행사하는 것도 중요하다"라며, 지나치지 않다면 억압은 리더십에서 중요하다고 말한다. 좋은 리더는 조직에 필요한 영향력을 행사해야 한다.

조직을 성공시키는 리더가 되려면 외부에서의 인기에 무감각해지거나 차라리 그런 행동을 죄악시하는 자세가 더 도움이 된다. CEO 자리에 오른 사람이 걸리는 'CEO 병'이라는 것이 있다. 갑자기 달라진 대우와 권한에 취해 판단력이 흐려지고 자만하게 되는 병이다. CEO 병에 걸리면 조직과 직원들보다 자신의 지위를 유지하는 것에 더 우선순위를 둔다. 외부 강연이나 도서 집필과 같은 홍보성 활동을 중시하는 것도 이런 부작용 중 하나다. 경영컨설턴트인 패트릭 렌시오니는 기업의 CEO가 빠지기 쉬운 유혹 중에 '인기를 잃을까 두려워 책임을 묻지 않는 함정'을 들고 있다. 이 함정에 빠진 리더는 독한 리더가 되지 못한다. 독한 실행에 불가피하게 수반될 리더에 대한 비호감을 두려워하기에 '눈치 보는 리더'가 될 수밖에 없다.

경영학계의 영원한 구루 피터 드러커는 이렇게 말했다.

"유능한 리더는 사랑받고 칭찬받는 사람이 아니다. 그는 따르는 사람들이 올바른 일을 하도록 만드는 사람이다. 인기는 리더십이 아니다. 리더십은 성과다."

다른 사람으로부터 호감 얻기를 싫어하는 사람은 없다. 질책이나 싫은 소리 한 번 안하고, 언제나 미소와 배려로 대하며, 칭찬과 인정만 해주는 리더는 인기 있고 존경을 받을 수 있다. 그러나 필요한 채찍질을 하지 못하는 리더는 조직의 성공과 지속 성장을 이끌어내지 못한다.

리더는 누군가에게 호감을 얻으려는 생각을 떨쳐내야 한다. 그런 부담이 독기를 무디게 만들기 때문이다. 존경받는 리더가 되는 길은 호감을 통해서가 아니라 조직의 힘을 키우고 구성원을 성장시키는 것과 지속적으로 성과를 창출하는 데 있다. 리더가 비호감에 무던해지고 조직과 성과에 온 신경을 집중해야 하는 이유가 여기에 있다.

자만하고 안주하는 리더

임진왜란 당시 파죽지세로 수도 한양을 향해 치고 올라오는 왜군을 막아야 할 조선군의 최후의 보루는 충주 탄금대에 진을 친 신립 장군 부대였다. 당시 신립 장군은 왜군을 막을 수 있다고 장담하고 있었다. 왜냐하면 이미 조총을 쓰던 북쪽 오랑캐와의 싸움에서 승리한 경험이 있었기 때문이다. 당시 왜군의 조총은 우선 총을 세우고, 화약을 총 안에 붓고, 탄 주머니에서 총알을 꺼내 긴 막대기로 총 안에 밀어넣은 다음, 단단히 다진 후에

심지를 꺼내 불을 붙인 후, 방아쇠 근처에 있는 구멍에 밀어넣어야 화약에 불이 붙으면서 총알이 발사되는 구조였다. 1분에 한 발을 쏘기도 어렵고 유효 사거리가 50미터에 불과한 왜군의 조총부대는 속도가 빠른 기병 부대를 이기기 어려웠다. 그런데 신립이 몰랐던 것이 하나 있었다. 북쪽 오랑캐와 달리 왜군의 조총부대 좌우에는 기병에 강한 창병이 받치고 있었던 것이다. 결국 용감하게 돌진한 신립의 기병부대는 탄금대의 넓은 들판에서 창병의 협공으로 포위되었고 조총을 반복적으로 쏘아댄 왜군에 전멸하고 만다. 신립의 부대는 강했지만 기병에 대한 리더의 자만심이 창병에 대한 신중한 대비를 가로막았던 것이다.

기업도 강할 때일수록 리더가 자만해지기 쉽다. 2012년 샐러리맨 신화를 일군 윤석금 회장의 웅진그룹은 1980년 도서출판 헤임인터내셔널로 시작하여 재계 30위 안에 들기도 했지만 결국 몰락하고 말았다. 윤 회장은 한 인터뷰에서 "그동안 잘해 왔기 때문에 다른 업종으로 확장해도 잘할 수 있을 것이라고 생각했다. 자만심이었을지 모른다"라고 말했다. 웅진의 실패 근저에는 자만형 리더십이 자리 잡고 있었다고 할 수 있다.

자만, 확신, 오만

짐 콜린스는 위대한 기업이 다시 평범한 기업 또는 그 이하로 전락하는 이유에 대해 수년간 연구한 결과 2010년에 《위대한 기업은 다 어디로 갔을까》라는 책을 발간했다. 그가 이 책에서 위대한 기업이 추락하게 되는 가장 중요한 이유로 밝힌 '휴브리스Hubris'는 자만, 확신, 오만이라는 의미다. 아무리 기업을 성공시킨 리더라도 스스로 위대하다고 자만하는 순간이 바로 기업의 추락 시작점이 된다는 것이다.

짐 콜린스가 말한 휴브리스의 모습은 두 가지다.

첫째, 기존의 성공 프랙티스만 믿고 새로운 것을 시도하지 않는 것이다. 휴대폰 세계 1위였던 노키아는 자신이 잘하던 피쳐폰 개발을 더욱 열심히 했지만 결국 스마트폰의 흐름에 밀려 고전하다 최근 마이크로소프트에 매각되는 비운을 맛봐야 했다. 차원이 다른 시대가 얼마나 빠르게 다가오는지를 알아채지 못하고 기존의 것에 집착하는 것은 시장 선도First Innovator 전략보다 후발 주자Fast Follower 전략에 익숙한 우리 기업들이 경계해야 할 자만의 모습이다.

지금 전 세계 스마트폰 운영체제의 80퍼센트 이상을 점유하고 있는 안드로이드는 구글이 인수하기 전 국내 기업에 인수 기회가 있었다. 앤디 루빈 구글 부사장은 한 언론 인터뷰에서 2005년 안드로이드 OS를 처음 만들어 구글에 넘기기에 앞서 한국 기업을 방문했고 인수 제안을 거절당했다고 밝혔다. 역사에는 가정이 없지만 당시 한국 기업이 안드로이드를 인수했다면 어떠했을까? 지금처럼 성공시킬 수 있었을까는 회의적이지만, 분명 새로운 기회를 알아채지 못한 당시 한국 기업의 휴브리스는 아쉬운 대목임에 틀림없다.

휴브리스의 두 번째 모습은 기존의 성공 프랙티스를 맹신한 나머지 적용되지 않는 새로운 것에 무리하게 확장하는 것이다. 웅진의 몰락 이유가 여기에 해당한다. 출판업으로 시작하여 식품 산업으로 크게 성장한 웅진은 이런 이종 산업간 진출 성공의 경험을 지나치게 의존했다. 2007년 극동건설을 인수하면서 진출한 건설업에서는 불황을 넘어설 경험과 역량이 부족했고 의욕에 넘쳐 시작한 태양광에너지 사업에서도 장기간 투자가 필요한 사업 특성을 견뎌내지 못했다.

해외에서도 비슷한 휴브리스 사례는 많다. 예컨대 1949년에 설립된 전자제품 유통업체 서킷시티는 시장 점유율에서 선두를 달리던 기업이었지만 위기가 닥치자 전자 유통업이라는 핵심 산업과 별 상관이 없는 카맥스 같은 중고차 시장에 관심을 더 기울였고 결국 2008년 파산하고 말았다.

'그 정도면 됐다'라는 함정

2013년 국내 프로야구에서 한화이글스가 최하위를 기록한 이유는 국내 최고 투수였던 류현진의 미국 진출, 박찬호의 은퇴와 함께 주요 선수들의 군 입대 및 부상이라는 불운이 생각보다 컸다는 것이 전문가들의 분석이었다. 그런데 한화의 김응룡 감독은 한 인터뷰에서 정작 중요한 부진 이유는 '훈련 부족'이라는 의외의 진단을 내려 관심을 끈 바 있다. 말한다. 시즌이 시작되기 전까지 프로야구 선수들은 따뜻한 지역에서 시즌을 준비하는 훈련인 '스프링 캠프'를 가지는데, 김응룡 감독이 부임해보니 두 달의 캠프기간 동안 공을 1,000개 이상 던지는 투수가 없더라는 것이다. 누구 하나 독하게 훈련을 독려하는 고참도 없었다. 아직 선수들 상태를 잘 모르니 일단 지켜볼 수밖에 없었던 김응룡 감독이 왜 이리 적게 던지는가 묻자, 선수들은 그동안 그 정도로 해왔다고 대답했다. 팀이 만년 하위로 쳐진 근본적 이유는 그동안 해온 만큼의 훈련만으로도 "그 정도면 됐다"라고 생각한 자만형 리더십 탓이었던 것이다.

　조직의 상위 직급으로 올라갈수록 새로운 문제, 복잡한 문제는 기하급수적으로 늘어가기에 리더의 역할은 점점 더 어려워진다. 이때 어려움에 봉착한 리더가 가장 쉽게 의지하는 것이 과거 경험이다. 때론 경험이 쉬운 해결책을 제시해주기도 한다. 문제는 여건이 변하는 만큼 과거 경험이 옳은 방향으로 인도할 가능성은 점점 낮아진다는 것이다. 자신의 방식이 경험을 통해 배운 것이라는 믿음 또한 새로운 방식 수용을 어렵게 한다. 이처럼 새로운 상황이나 과거의 성공 경험이 일종의 덫으로 작용하는 경우를 인시아드 경영대학의 키쇼어 센굽타 교수는 '경험의 함정 Experience Trap'이라 정의한 바 있다. '성공 함정'이라고도 한다.

　리더가 성공이란 단맛을 보는 때가 바로 성공 함정에 가장 빠지기 쉬운 순간이다. 2002년 월드컵에서 히딩크 감독은 당초 목표로 했던 월드컵 16강을 이루고 나서 "나는 여전히 배가 고프다"라고 말했다. 성공 함정을 피하려는 그의 독함이 우리나라 국가대표팀이 4강 신화를 이룩할 수 있었던 중요한 모멘텀이었다. '백척간두 갱진일보百尺竿頭 更進一步'라는 말이 있다. 높은 정상에 오르고 난 후에라도 만족하지 않고 그 이상의 것을 더욱 더 생각한다는 의미로, 독하게 실행한다는 것을 잘 표현하는 한자어다. 독한 실행의 끝은 없다. 다만 좀더 독해지는 전진만 있을 뿐이다. 남들 보기에 심하다 못해 "정말 징그럽다"라는 소리를 들을 정도의 독함이야말로 자만이 가져오는 파멸의 유혹을 떨쳐낼 수 있는 가장 확실한 태도다.

리더십 트렌드만 좇아 기웃거리는 리더

 가수 이문세의 노래 중 '파랑새'가 있다. 가사는 노벨문학상을 받은 벨기에 작가 모리스 메테르링크가 100여 년 전에 쓴 동화 이야기다. 주인공 틸틸와 미틸 남매는 꿈에 나타난 요술할머니의 부탁으로 행복을 주는 파랑새를 찾아 길을 떠난다. 어린 남매는 추억의 나라와 꿈의 방, 사치의 방, 미래의 성과 같은 다양한 모험을 하지만, 아무데서도 파랑새를 찾지 못한다. 지쳐 돌아온 남매의 눈에 들어온 것은 점점 파랗게 변하고 있는 새장 속의 새였다. 그토록 찾아 헤매던 파랑새는 멀리 있지 않고 자기 집 새장 속에 있었던 것이다.

하루가 멀다 하고 출간되는 다양한 리더십 서적들과 거의 매일 열리는 리더십 강연들에서 그동안 몰랐던 새로운 리더십 모델과 이론이 있을 것이라고 믿는다면 우리는 또 다른 틸틸이자 미틸이다. 홍수같이 넘쳐나는 많은 리더십 이론과 주장들을 접하면서 가끔 우리는 정말 나에게 꼭 필요한 리더십, 즉 그동안 찾아 헤매던 파랑새를 찾았다고 기뻐하기도 하지만, 얼마 지나지 않아 새로운 파랑새를 찾는 자신을 발견하곤 하지 않던가?

지금 우리 주변의 리더십 홍수는 우리 사회의 절박함이 빚어낸 결과다. 외환위기 이후, 조직의 변화와 새로운 경영 모델을 개척할 리더십에 대한 니즈가 그만큼 컸다. 그런데 아쉽게도 우리가 가진 리더십 장점을 더 발전시키려 하기보다 밖에서 새로 찾아내려는 데 너무 많은 에너지를 소비했다. 새로 발견한 리더십들도 아는 것에만 그치고 독하게 실행해내지 못했다. 조금 해보다 안 되면 "우리 실정에 안 맞네"라는 이유와 핑계로 중도에 접고는 다른 대안을 찾아헤매곤 했다. 그러는 사이 우리 기업의 리더들은 리더들대로, 구성원들은 구성원들대로 리더십에 대한 갈증이 더욱 커지는 상황에 이르렀다.

좋은 리더십은 스스로 만들어라

홍수가 날 때가 오히려 물이 가장 귀한 시기다. 우리 기업들과 그 속의 조직에서 일하는 직장인들에게 쏟아지는 리더십 홍수는 역설적이게도 우리가 가져야 할 리더십에 대한 판단력을 흐리게 한다.

이솝 우화에는 '당나귀 팔러 가는 아버지'라는 이야기가 나온다. 아버지와 아들이 함께 당나귀를 팔러 시장에 가다 어떤 마을을 지나는데 한 마을 사람이 "당나귀를 타고 가면 될 걸, 힘들게 걸어가네!"라고 말하는 것을 듣게 된다. 아버지는 '그렇지, 그걸 몰랐네!' 하고, 아들이 힘들지 않도록 당나귀에 태운다. 그런데 조금 가다 한 행인이 "늙은 아버지를 걷게 하다니 불효자 같으니!"라고 말하는 소리를 듣게 된다. 아버지는 아들을 불효자로 만들 수 없다는 생각에 아들을 내리고 자신이 당나귀에 탄다. 얼마 안 가 마주친 또 다른 행인이 "불쌍한 당나귀, 얼마나 무거울까!"라고 혀를 차자 이 소리를 들은 아버지는 슬그머니 말에서 내려 당나귀의 다리를 묶고는 아들과 함께 어깨에 메고 간다. 강에 다다른 아버지와 아들은 당나귀를 어깨에 멘 채로 세찬 물살을 건너려다 거꾸로 매달린 당나귀가 발버둥 치는 바람에 당나귀를 놓치고 만다. 아버지는 이 사람 저 사람 지나가며 내뱉은 말에 휘둘리다, 결국 당나귀를 잃고 빈손이 되고 만다.

더 좋은 리더십을 찾아 여기저기 기웃거리기만 한다면 당나귀 팔러 가는 아버지가 될 수 있다. 목적은 당나귀를 시장에 내다 파는 것인데 당나귀를 어떻게 데리고 갈 것인지에 더 신경을 쓰는 것이다. 어쩌면 우리는 팔 당나귀를 고르느라 길을 떠나지도 못했거나, 당나귀를 바꾸러 되돌아가는 중인지도 모른다.

아무리 좋은 당나귀라도 팔지 못하면 소용없다. 덜 좋은 당나귀라도, 조금 손해를 보더라도 일단 팔아야 땔감과 식량을 살 수 있는 것처럼, 우선은 현재 알고 있는 리더십으로 독하게 실행해보는 태도가 절실하다. 이런 리더십, 저런 리더십을 좇다 그 어떤 리더십도 확보하지 못한 껍데기 리더가 되어서는 곤란하다.

지금 우리 조직은 '리더십 찾아 삼만 리' 할 만큼의 여유마저 없는 예측 불가능한 변화의 시기에 처해 있다. 리더십을 찾아 방황하고 탐색하는 데 들이는 에너지를 실행으로 돌려야 한다. '더 좋은 리더십'은 멀리 있지 않다. 남의 리더십이 아니라 내가 가진 장점으로, 나만의 스타일에 따라 독하게 실행해나감으로써 내 안의 리더십을 발견하는 것이 더 중요하다. 그것이 파랑새를 가장 빨리 발견하는 방법이고 당나귀를 가장 잘 파는 길이다.

독한 리더십
특강

리더십에도
유행이
있다

    리더십에 대한 학문적·실용적 연구는 미국을 중심으로 이미 100년 전에 시작되었다. 그만큼 리더십 이론이나 정의도 다양하다. 리더십 연구의 대가인 로스트J.C. Rost가 정리한 바에 따르면, 지난 한 세기 이상 동안 등장한 리더십 개념과 정의만 해도 200여 가지가 넘는다고 한다. 그런데 재미있는 것은 한때 주목받던 이론과 주장들이 세월이 흐른 뒤에 다시 관심을 끌기도 하고 또 사라지기도 한다는 점이다. 리더십에도 패션과 같은 유행이 있다고도 볼 수 있다.

리더십에 대한 정의가 처음으로 등장하던 1900년대 초에는 "부하들로부터 복종, 존경, 충성과 협력을 이끌어내고 리더의 의지를 그들에게 내재화시키는 능력"이 리더십의 정의였다. 이 때만해도 리더십 개념은 조직이나 부하의 변화를 이끌어 내는 '리더의 자질Trait'에 초점이 맞춰져 있었다. 이 시기엔 리더십에서 '영향력Influence'이 가장 주목을 받았다.

이후, 조직의 방향을 정하는 개인의 행동 관점에서 고려하는 조직적 접근이 더 주목을 받았다. 1950년대 이후 리더십 연구는 조직 내 리더의 역할에 더 집중했다. 그리고 조직 내 관계로서의 리더십과 리더십 '효과성Effectiveness'에 대한 관심이 고조되었다.

1970년대에는 조직 행동 관점에서 조직이나 그룹이 목표를 달성할 수 있도록 유지·발전시키는 힘을 리더십으로 보는 경향이 컸다. 이 시기에는 리더와 팔로워 간의 상호작용이 중요하게 여겨졌다.

1980년대 들어 리더와 관리자의 구분이 유행하면서 영향력이 다시 주목을 받았다. 특히, 톰 피터스와 로버트 워터맨의 베스트셀러《초우량기업의 조건》이 전 세계를 강타하면서 전통적인 리더십 요소인 리더의 자질이 다시 중요하게 부각되었다. 카리스마적 리더십이 크게 주목받았던 것도 이 시기다.

얼마 후, 리더와 팔로워 모두 한 단계 성숙해진 방식으로 서로 변화를 이끌어야 함을 강조하는 변혁적Transformational 리더십 개념이 등장하면서 다시 리더의 영향력이 관심을 끌었다. 이후에는 최근에 이르기까지 서번트Servant 리더십, 진정성Authentic 리더십, 영성Spiritual 리더십 등 리더의 진심과 희생을 강조하는 리더십들이 관심을 끌고 있다.

로스트는 한 세기를 넘어 논쟁의 중심에 있던 리더십의 개념에 대해 '일반적인 정의로 결론 내릴 수 없음'을 결론지었다. 확실한 것은 리더십에 대한 생각은 그 변화를 멈추지 않을 것이라는 점이다. 리더십은 다른 시대마다, 다른 사람들에게 다른 의미로 다가오기 때문이다.

따라서 효과적인 리더십은 여기저기 기웃거리는 윈도우 쇼핑 같은 것이 아니라 얼마나 독하게 실행하느냐에 달려 있다. 리더십이 맞지 않는다고 말하기 전에 그 리더십이 효과를 낼 수 있도록 제대로 발휘되는 데 초점을 맞춰 보자. 그러한 실행, 목표를 향해 집요하고 꾸준하게 전진하는 독한 리더십이 바로 지금 우리에게 필요한 리더십이다.

**탁월한 리더에
대한
오해와 진실**

　김 팀장은 나름 리더십에 대한 신념이 확고하다. 리더가 언제나 부하들과 사이좋게 지내는 것을 가장 중요하게 여긴다. 부하와의 관계가 좋아야 리더에 대한 불평·불만이 줄어들 것이고 업무 생산성이 올라갈 것이라 믿기 때문이다. 김 팀장은 팀장으로서 '경청'만큼 중요한 것은 없다고 확신한다. 그러나 실상 김 팀장이 믿고 있는 경청이란 구성원의 불만과 불평을 무조건 끝까지 들어주는 것이다. 그는 팀원의 불만을 들어주느라 업무 시간은 물론 심지어 밥 먹는 시간도 잊는다. 덕분에 업무는 내팽개쳐진 지 오래다. 경영진에게 업무 효율성에 대해 질책을 들어도 김 팀장은 팀원들의 고충을 들어주고 공감하느라 어쩔 수 없었다고 자위하고는 스스로 경청의 리더라고 만족한다.

박 부장은 스스로 열심히 일하는 리더로 평가받고 싶어했기에 누구보다 성실하려 노력한다. 회사에서는 새벽같이 출근했다 밤늦게까지 혼자 남아 야근하는 박 부장의 모습이 낯설지 않은 풍경이었다. 그러나 매일 야근할 수밖에 없었던 이유는 '펑크 난' 팀원의 업무를 해결해야 했기 때문이었다. 박 부장은 한번 맘에 안 든 보고서는 다시 시키지 못하고 자신이 수정하고 보완해야 직성이 풀렸다. 팀원이 며칠 동안 제대로 만들지 못한 보고서를 멋지게 만들어내는 자신이 은근히 대견스럽기까지 했다. 오늘 밤에도 박 부장은 후배의 업무까지 해결하느라 늦은 밤까지 남아 키보드를 두드리지만, 그의 곁에 팀원들은 아무도 없다.

강 상무는 언제나 부드러운 미소로 부하 직원을 대하는 인자한 리더가 되고 싶다. 마음에 안 드는 내용이 있어도 보일 듯 안 보일 듯 고개를 위아래로 흔드는 반응 외엔 직접적으로 표현하지 않으려 노력한다. 워낙 강압적인 상사를 모셨던 탓에 임원이 되자 지시와 통제보다는 자율과 창의성이 넘치는 부서를 만들고자 다짐했기 때문이다. 부하들이 가져온 보고서에 대해서도 지적하고 싶어도 부하들이 스스로 생각하고 더 좋은 안을 도출할 때까지 기다리기로 한다. 회의 시간에는 부하들의 말을 듣는 데 거의 대부분의 시간을 쏟는다. 자신의 생각을 얘기할 때는 "~일 수도 있지 않을까" 혹은 "~인 것만은 아닐 거야" 등의 표현을 써서 단정적인 느낌을 풍기지 않으려고 조심한다. 업무도 어지간히 급한 일이 아니면 재촉하지 않는다. 그러던 어느 날 강 상무는 자신의 리더십에 대한 평판을 듣고 큰 충격을 받았다. 스스로 가장 편하고 부드러운 상사이자 위임형 리더로 자부하고 있었지만, '우유부단하고 결정력이 없어 같이 일하기 가장 힘든 상사'로 소문 나 있었던 것이다.

이 실장은 일을 한번 맡겼으면 진행과정에서 자꾸 간섭하지 않는 게 진정한 임파워먼트라 믿는다. 그는 팀원들이 자율적으로 목표를 정하고 스스로 헌신하는 조직이 되기를 기대한다. 그래서 한번 지시한 업무는 중간 점검도 생략한다. 그래야 진정한 자율이라고 믿기 때문이다. 그리고 신뢰와 존중이 중요하기에 아랫사람이 실수하거나 기대 이하의 결과물을 들고 와도 "수고했다", "괜찮다"라는 칭찬과 격려의 말을 하는 자신의 인격과 리더십에 만족한다. 그러나 어느새 이 실장은 부하들의 업무 내용을 잘 이해하지 못하는 지경에까지 이르렀다. 부하가 조언을 구해도 해법을 다 알고 있지만 스스로 해결책을 찾아보라는 짐짓 점잖은 충고만 하고 물러난 지 오래되었기 때문에 이젠 아예 업무 논의를 피하기까지 한다. 그러나 이미 부하들은 이 실장의 능력을 너무 잘 알고 있다. 이제 이 실장은 물어보고 싶은 것도 '실장이 그런 것도 모르냐'라고 수근댈까봐 입을 다무는 자신을 발견하곤 한다.

약간의 과장이 있다고 하더라도 위에 언급한 네 사람의 리더십은 조직에 도움이 되지 않거나 해가 되는 경우라 할 수 있다. 열심히 하면 할수록 성과를 갉아먹는 꼴이 되기 때문이다.

이런 리더십이 진짜 위험한 이유는 따로 있다. 위에 언급된 리더들에게 발견되는 리더십 항목들을 다시 한 번 살펴보기 바란다. 관계, 배려, 이해, 공감, 경청, 임파워먼트, 자율, 신뢰, 존중, 칭찬, 격려……. 하나같이 소중하고 중요한 리더십 덕목들이 아닌가? 대부분의 리더십 교과서들이 아무리 강조해도 지나치지 않다고 부르짖는 덕목들이다. 이런 단어들이 최악의 리더를 묘사하는 데도 어색함이 없다는 것은 무슨 의미인가? 결국 '어떤 리더십What'이 아니라 '어떻게 실행되는가How'가 더 중요하다는 점을 보여준다.

2장

독한
리더는
누구인가

들어가며

왜 괴팍한 리더가
성공하는가?

2004년 1월, 미국 방송 프로그램 중 비즈니스 뉴스 부문 1위인 NBR^{Nightly Business Report}은 지난 25년을 통틀어 가장 뛰어난 비즈니스 리더 25명을 선정했다. 주로 독창적인 아이디어로 새로운 비즈니스 영역의 개척 또는 확장에 성공하여 경제, 산업, 정치, 사회적으로 변화를 일으킨 리더들이 후보군으로 압축되었다. 심사위원단이 최고의 비즈니스 리더로 꼽은 인물은 최종적으로 인텔의 앤디 그로브였다.

2013년 〈파이낸셜타임즈〉는 세계 100대 CEO 중 최고의 리더로 애플의 창업주 고故 스티브 잡스를 선정했다. 〈하버드비즈니스리뷰HBR〉가 이날 발표한 결과에 따르면 1995년 이후 CEO로 임명된 적이 있는 경영자 가운데 주주수익률, 시가총액 등 경영실적을 토대로 평가한 결과로 2010년에 이어 스티브 잡스는 또다시 1위를 차지했다.

독선적인 카리스마, 독재자, 괴짜, 변덕스러운 통제광, 남의 말은 전혀 듣지 않는 고집불통……. 이들의 성격과 스타일은 기존의 많은 리더십 책들이 가르쳐주는 리더십 덕목과 다르다. 그렇다면 왜 이들이 최고의 리더로 선정되는 것일까? 이런 이들이 어떻게 사업과 조직을 성공으로 이끌고 결국 훌륭한 리더로 인정받는 것일까?

독한 리더의 저력

NBR 방송이 꼽은 최고의 비즈니스 리더 가운데는 스티브 잡스를 비롯하여 사우스웨스트항공의 허브 켈러허, GE의 잭 웰치, 월마트의 샘 월튼, 아마존닷컴의 제프 베조스 등 적지 않은 인물들이 소위 괴팍한 성격의 소유자들이다. 또, 주변을 둘러보면 성공한 리더 가운데 유독 괴팍한 이미지를 지닌 사람이 적지 않다. 3D 영화의 신기원을 이룩한 〈아바타〉의 감독 제임스 카메론, 세계 최고의 축구클럽 맨체스터 유나이티드의 축구감독 알렉스 퍼거슨, 일본전산의 나가모리 시게노부 등과 같은 최고의 리더들도 괴팍하고 불

같은 성격으로 유명하다.

앤디 그로브는 회사를 경영하면서 독설을 내뱉고 분노를 숨기지 않는 스타일로 인텔 직원들의 속을 뒤집어 놓기로 유명했다. 그로브는 가끔 직원들을 향한 경멸적인 언행을 보이기도 했다. 그를 아는 직원들은 그에게 다가가는 것을 언제나 두려워했다. 그와 함께 일했던 직원들에게 그로브는 괴짜요, 통제광이자 인정머리 없는 깐깐한 상사였다. 그는 휴양지에서 휴가를 즐기다가도 회사 걱정에 10시간 넘게 비행기를 타고 와서 회사를 둘러볼 정도로 일에 집착한 괴짜였다. 그는 직원들의 출퇴근 시간에 회사의 청소 상태까지 꼼꼼히 따지고 질책하는 통제광이기도 했다. 회의 시간에 지각하는 것은 절대 용납하지 않았음은 물론이다. 심지어 그는 지각 리스트를 만들어 경영회의에 보고하여 직원들로부터 원성을 듣기도 했다. 그는 크리스마스이브에 직원 대부분이 일찍 퇴근한 것을 알고 연휴가 끝나자 직원들을 모아놓고 "그런 정신 상태로 어떻게 회사를 꾸려 나가겠느냐?"라고 심하게 꾸짖었다. "근무 시간을 철저히 지키시오"라는 메모를 모든 직원에게 돌리기까지 하여 '인색한 스크루지'라는 별명까지 얻었다.

스티브 잡스는 한술 더 뜨는 위인이었다. 애플이라는 거대한 조직을 강력한 카리스마로 이끈 그의 거만함과 고집불통은 혀를 내두를 정도다. 자신의 맘에 차는 똑똑한 소수의 직원 외에는 모두 '쓰레기'라고 부를 정도였다. 그는 제멋대로 장애인 주차구역에 주차했고 자신의 성에 안 차는 프레젠테이션은 언제든지 도중에 멈추게 했다. 그는 직설적인 표현과 공격적인 언어로 직원들을 혹독하게 다루어 많은 이들이 회사를 떠나기도 했다. 경영의 구루인 짐 콜린스마저 스티브 잡스를 가리켜 '경영계의 베토벤'이라 불렀을 정도로 그는 괴팍함에서 둘째가라면 서러워할 인물이었다.

NBR 방송과 함께 25인의 위대한 리더 선정 작업을 했던 무굴 판다 교수는 이들 25명 모두에게서 찾을 수 있었던 공통점으로 '끈질김'을 꼽았다. 이들이 보여준 끈질김은 단순한 끈질김이 아니었다. 그것은 아무나 흉내 내기 어려운 '독함'이 배어 있는 끈질김이었다. 확고한 가치관과 원칙, 신념에서 한 치의 양보도 없이 목표를 향해 전진하되, 어떤 어려움과 유혹에도 한눈팔지 않고, 집요하고도 우직하게 스스로 정한 엄격한 기대 수준을 뛰어넘기 위해 혼을 불사르는 자신에 대한 '독함'이었던 것이다.

앤디 그로브는 강인한 성품 때문에 인텔의 창업자인 밥 노이스와 고든 무어에게 스카우트되었다. 자유로운 성격의 두 사람은 자신들을 대신해 회사를 강하게 키우는 데에 강인한 그로브가 제격이라고 생각했던 것이다. 기대했던 대로 그로브는 마이크로칩의 용량이 2년마다 두 배 씩 증가할 것이라는 '무어의 법칙'을 넘어 18개월로 기간을 단축하는 데 성공했고, '인텔 인 사이드'라는 브랜드 전략으로 마이크로칩 시장의 80퍼센트 이상을 독점함으로써 인텔을 오늘날 세계 최고의 기업으로 우뚝 세웠다.

스티브 잡스 역시 그의 괴팍함을 상쇄하고도 남을 독함이 있었기에 성공할 수 있었다. 그는 최고의 완벽주의를 추구하고 신념과 원칙에 대해서만큼은 한 치의 양보도 없이 단호했다. 한번 정한 목표는 징그러우리만치 집요하게 달려들어 달성하고야 말았다. 그러나 언제나 개인의 이익보다는 조직, 고객, 사회, 인류를 바라보는 한 차원 높은 시야를 가졌다. 더 중요한 것에 집중하고 몰입하며, 사물의 본질을 꿰뚫는 통찰력으로 과감하게 결단하고 실행했다. '독함'은 그의 이해하기 힘든 괴팍함마저 카리스마적인 개성처럼 보이게 만들 정도였다.

진정한 독함을 탐험하다

이쯤 되면 조직을 성공으로 이끄는 리더십에 대해 우리가 알고 있던 기존의 상식이 과연 맞는가를 다시 한 번 곰곰이 생각해 보게 된다. 심리학자이자 경영코치이기도 한 마이클 마코비 박사는 2000년 〈하버드비즈니스리뷰〉에 기고한 글에서 그가 기업 경영 현장에서 경험한 세 종류의 리더를 언급한다. 첫째는 에로틱Erotics이다. 이들은 사랑받고, 인정받고, 가치를 공유하는 것을 중요하게 여기는데 천성적으로 탁월한 리더로 성공하기 어려운 부류다. 둘째는 옵세시브Obsessives다. 이들은 말 그대로 강박관념에 사로잡혀 소위 모든 일을 제 시간에 마치는 것을 가장 중요하게 여기는 전술가들이다. 이들 역시 훌륭한 리더로 성공하지는 못했다. 마지막 부류인 생산적 나르시시스트Productive Narcissists가 바로 기업 경영의 역사를 위대하게 만드는 리더들이다. 이들은 위험을 앞두고도 세상을 바꾸고자 하는 열정을 불태우며, 다른 사람이 하지 못한 일을 이루고자 하는 카리스마 넘치는 사람들이다.

위에서 언급한 괴팍한 리더들은 모두 생산적 나르시시스트들이었다. 직원 배려, 이해, 지원, 유머와 감성, 칭찬과 격려, 인정과 동기부여, 희생, 공평한 기회, 임파워먼트, 자율 등 우리가 익히 들어 왔던 리더십 항목들과는 거리가 멀어 보였지만 무굴 판댜 교수가 지적한 '끈질김'만은 누구보가 강했다. 그러했기에 괴팍함은 생산적 나르시시스트가 되는 데 전혀 방해가 되지 않은 개성이었다.

이들의 인격적 결함을 상쇄한 것은 끈질긴 열정만이 아니다. 구성원들에게 영감을 불러일으키는 카리스마가 작동될 수 있었던 데에는 목표의 숭고함이 있었다. 이들은 명예를 얻기 위해서 혹은 대중이나 부하로부터 인정받기 위해서 노력하지 않았다. 오직 위대한 역사를 만들기 위해서 혼신의 힘을 다했다. '우주에 흔적을 남기는 것'을 목표로 삼았던 잡스의 숭고함은 개인의 안락함과 명예를 추구하는 리더를 초라하게 만든다.

영화감독 임권택은 젊었을 때 영화를 안 찍겠다고 고집부리는 젊은 여배우의 뺨을 후려 갈겼을 정도로 말릴 사람이 없던 다혈질이었다. 그런 인격적 결함을 지닌 그가 지금까지 영화계에서 많은 이들이 따르고 존경하는 감독이 될 수 있었던 이유도 비슷하다. 그는 스스로 그 이유에 대해 우리의 삶, 정서, 흥을 담아낸 영화를 뒤늦게 만든 덕분이라 말한다. 임권택 감독을 진정한 최고 감독으로 만든 작품은 우리나라 남도 판소리를 중심으로 만든 〈서편제〉다. 그는 이어 〈취화선〉에서 한국화를 다루었고 최근에는 '한지'를 소재로 한 영화를 제작했다. 우리 전통문화를 영화 소재로 쓰면서 세계인이 공감할 수 있는 보편성을 얻어내려고 노력한 그의 숭고한 목표의식은 한때 지나치게 괴팍하여 보는 이들의 혀를 차게 만들었던 인격적 부족함을 희석시켰던 것이다.

직원들의 낡은 나무책상도 바꿔주지 않는 '짠돌이' CEO로 유명한 아마존의 제프 베조스도 괴팍함에선 뒤지지 않는 리더다. 그 짠돌이가 어느 날, 80세 할머니 고객이 보내온 "포장을 뜯기 어렵다"는 메일을 보자, 그 즉시 자사의 포장을 점검하고는 곧바로 큰 비용을 아낌없이 들여 포장재와 디자인을 바꾸도록 결정한다. 이런 결정과 실행이 한두 번 쌓이면 부하들은 리더가 아무리 괴팍해도 다시 보게 된다. 고객 가치 우선이라는 대의적 목표 의식이 투철한 베조스가 아무리 이해하기 힘든 결정을 내려도 직원들은 그의 목표 의식에 공감하기에 별 불평이 없다.

사익을 좇지 않는 리더는 사람들의 속으로부터 존경심을 끌어낸다. "실패하면 바다에 빠져 죽자"고까지 외친 포스코의 박태준 명예회장은 우리나라의 대표적인 '독한 리더'다. 그가 사람들의 많은 존경을 받고 있는 것은 불가능하다고 여겨지던 일을 해낸 성과 때문만은 아니다. 개인 명의의 재산을 단 한 푼도 남기지 않았고, 포스코 주식을 단 1주도 보유하지 않을 정도로 회사와 국가를 먼저 생각한 그의 숭고한 비전과 실천은 그와 일면식도 없는 사람들의 마음속에 존경심을 품게 만든다.

결론적으로 괴팍한 리더가 성공하는 이유는 그 '괴팍함' 때문이 아니다. 그 괴팍함이 지향하는 숭고한 목표의식, 그리고 이를 향해 나아가는 집요함 때문이다. 남이 보지 못한 것을 보고, 남과 다르게 해석한 신념에 독하게 정진하는 모습은 그 곁에 인재를 끌어 모은다. 괴팍한 리더가 성공하는 것이 아니라 성공한 리더 중에 괴팍한 리더가 있다고 보는 것이 맞다. 그리고 그 성공 비결은 외형에 있지 않고 내면의 독함에 있다.

부드러우면서도 독하다

    괴팍한 리더의 성공 사례를 보면 자칫 괴팍해야만 독한 리더가 될 수 있는 것으로 오해할 수 있다. 그러나 괴팍함이 독함이 될 수 없다. 오히려 조용하고 부드럽지만 그 안에 범접할 수 없는 카리스마가 있을 때 더 독하게 느껴지는 법이다. 더 중요한 것은 외형적으로 드러나는 태도가 독함을 말해주지 않는다는 점이다.

내유외독(內柔外毒)

'철의 여인'이라 불렸던 영국의 마가렛 대처 전前 수상은 부드러우면서도 독한 리더였다. 아르헨티나와의 포클랜드 전쟁에서 한 치의 물러섬 없는 단호한 모습을 보여주었던 대처가 전쟁에서 승리한 후 가장 먼저 한 일은 250여 명의 전사자 가족에게 편지 쓰기였다. 대처는 여름휴가도 반납하고 밤을 새워가며 전사자 한 사람 한 사람의 이름을 쓰고 어머니의 마음으로, 또는 부인이나 누나의 마음으로 눈물을 흘려가며 한 통씩 진심을 담아 편지를 썼다. 인쇄된 편지에 서명만 해도 충분하다는 참모의 권유도 뿌리쳤다. 그녀가 보여준 내면의 진실함은 아무리 연약해 보이는 여성이라도 국가적 위기를 극복하는 독한 리더십의 원동력이었다.

배려는 한마디로 역지사지易地思之의 마음이며 상대에 대한 존중이다. 배려는 부드러움의 덕목이기에 독함과 어울리지 않는다고 오해하기 쉽다. 그러나 진정한 배려는 친절과 다르기에 독해야 한다. 겉으로만 웃고, 당장 싫은 소리 듣기 싫어 관여하지 않는 것은 배려가 아니라 그냥 친절이다. 조직의 리더로서 가져야 할 배려는 무조건적이고 헌신적인 희생이 아니다. 조직의 목표와 성과라는 엄연한 현실을 직시하는 전제하에 인간적인 측은지심을 가지는 것이다. 대처 수상이 보여준 배려도 병사 개개인의 사정과 형편을 봐주는 것이 아니라 국가의 목표를 이루기 위해 노력한 병사와 가족에게 리더의 진심을 전하는 것이었다. 따라서 진정한 배려는 단기적으로 오해와 불만, 불평을 듣기 쉽다. 그것을 견뎌내는 독한 배려가 있을 때 부드러우면서도 독할 수 있다.

우리나라 최고의 문화유산인 한글은 세종대왕의 작품이다. 한글을 집현전 학자들의 연구 결과를 집대성한 것쯤으로 알고 있다면 큰 오해다. 한글이야말로 남다른 신념을 끝까지 지킨 위대한 언어학자 세종대왕의 거의 독자적인 업적이기 때문이다. 한글의 위대함은 주변의 엄청난 반대에도 불구하고 이루어낸 의지의 산물이라는 점에서 더욱 빛난다. 최만리를 비롯한 신하들의 한글 창제 반대는 그 정도가 심했다. 임금과 돌아가면서 대화하는 '윤대輪對'마저 거부할 정도였다. 이런 반대로 인해 세종대왕은 공개적으로 한글 창제에 집중하기 어려웠다. 드러내고 학자의 도움을 받기도 쉽지 않았으니 대부분 혼자 비밀리에 연구를 계속할 수밖에 없었다. 29세에 불과한 문종에게 대리청정을 시킨 것도 세종이 한글을 연구할 시간을 벌기 위해서였다.

세종대왕은 역대 조선왕조를 통해 가장 인자하고 부드러운 성격의 임금이었다. 실록이나 사료에 의하면 어려서부터 부모님의 말씀에 순종적이었고, 왕이 되어서도 언제나 신하들의 말을 경청했으며, 결코 화내는 법이 없었다. 그러나 세종은 부드러웠기에 진정 독한 리더였다. 자신을 반대하는 신하의 말을 무시하지 않았지만, 결국 한글 창제라는 뜻을 펼치고야 만 내면의 독함은 아무도 따라올 수 없었다.

독함은 내면적 속성이다

괴팍함과는 거리가 멀어 보이는 부드러운 스타일이지만 자신의 신념과 원칙에 기반을 두고 조직과 사업을 이끌어가는 독한 리더도 적지 않다. LG의 구본무 회장, GS의 허창수 회장, 안철수, 빌 게이츠, 윌리엄 고어, 세르게이 브린과 래리 페이지, 마크 저커버그 등이 대표적인 인물들이다.

스티브 잡스의 영원한 라이벌 빌 게이츠는 "엔지니어를 극진히 대접하라"는 말을 입에 달고 다녔다. 회사를 살리는 것은 소프트웨어 경쟁력이며 이는 엔지니어들로부터 나온다는 신념이 워낙 확고했기 때문이다. 그가 경영 일선에서 퇴진하면서 남긴 소위 '게이츠식 리더십The Gates Way'의 4가지 항목 중 하나로 "엔지니어가 회사를 지배하도록 하라!"는 문구를 명시해 놓을 정도였다. 능력이 처지는 직원에게 "꺼져버려!"라고 소리치며 쓰레기 취급을 한 잡스와 달리, 게이츠는 돌아서서 "능력이 되면 나를 따라오시오"라고 조용히 말하는 부드러운 스타일의 독한 리더였다.

대학원 같은 회사 구글을 이끌고 있는 두 명의 천재 세르게이 브린과 래리 페이지도 잡스와는 전혀 다른 스타일이지만 독한 리더들이다. 이들이 세운 회사 구글에서는 논쟁이 자유롭다. 회의 중에는 지위가 아무런 힘을 발휘하지 못한다. CEO의 가장 중요한 역할은 전략 하달이 아니라 다양한 대화를 주의 깊게 듣는 것이다. '캠퍼스'라 불리는 회사에선 구성원의 창의성과 자발성이 최대한 존중되다 보니 일하는 것 자체가 활력이 된다. 구글의 연구자들에게는 의문을 제시하는 것이 반항이라기보다는 혁신가로서의 의무에 가깝다. CEO인 에릭 슈미트는 구글플렉스에서 열린 회의에서 다양한 주장과 반박이 방 안을 휩쓸고 지나가는 동안 서너 개의 테니스 경기를 한꺼번에 보는 느낌을 받았다고 말한다. 그는 회의실을 떠나는 순간까지 누가 책임자인지 정확히 알지 못했다고 실토하기도 했다.

구글에서는 아무도 지시나 명령을 내리지 않는다. 조직의 누구도 다른 어떤 사람을 통제하지 않는다는 뜻이다. CEO인 슈미트는 "만약 당신이 명령과 통제를 원한다면 해병대에 들어가면 된다"라고까지 말한다. 의사결정은 협의로 이루어지는 구글은 연구원들을 감독하는 중간 관리층에 의지하지 않고 직원들의 솔직하고 수다스러운 반응에 더 관심을 가진다. 구글의 통제는 '관리자 대 부하'가 아니라 '동료 대 동료'의 입장에서 상호 존중으로 이루어진다. 이와 같이 기존에는 상상하기도 힘들었던 새로운 유형의 회사를 구현해낸 두 명의 젊은 리더는 부드럽고 다정하지만 진정 독한 리더십을 보여주고 있다.

민주적 의사결정 시스템을 갖춘 고어앤어소시에츠(이하 고어 사)의 창업자 윌리엄 고어는 인간적인 직장을 만들겠다는 조직 운영 철학에서 한 치의 양보도 없는 독한 리더다. 그리고 그런 독함이 1958년 설립 이래 '혁신에 열중하는 회사, 상상력과 창의력을 마음껏 발휘하는 회사, 호기심 많은 연구원들이 자유롭게 발명하고 투자하고 성공하는 회사'로 연 매출 약 21억 달러에 세계 각지에 45개 공장과 8,000여 명의 직원을 둔 거대 기업으로 성장하는 토대가 되었다.

고어 사에는 관리 계층이 없고 조직도도 없다. 보스도 없고 직함을 가진 사람도 거의 없다. 의사소통은 개인 대 개인, 팀 대 팀으로 직접 이루어진다. 그런데 보스는 없지만 리더는 많다. 리더는 단순한 호칭이다. 상급 리더가 하급 리더를 임명하지 않는다. 오히려 동료들이 그럴 만하다고 판단할 때 리더를 선출한다. 리더 호칭을 받은 사람은 맡은 프로젝트를 이끌어가는 능력을 행사함으로써 영향력을 발휘한다.

섬유기술 그룹의 제조 분야 리더인 한 직원은 "만약 당신이 회의를 소집한 뒤 사람들이 나타나면 당신은 리더가 됩니다"라고 말한다. 리더 호칭을 듣는 직원은 약 10퍼센트다. 그러나 팀에서 리더는 자유롭게 바뀔 수 있다. 리더는 권위를 유지하기 위해 지속적으로 동료들로부터 협력을 얻어야 한다. 직책의 권한이 동료들에게서 나오기 때문에 리더가 그것을 남용하지 못하게 되어 있다.

미국의 취업 포털사이트 글래스도어는 매년 직원들 스스로 회사와 CEO를 평가한 결과를 토대로 순위를 발표하고 있다. 2012년에 IT업계에서는 구글과 애플을 제치고 페이스북이 회사 순위 1위를 차지하여 주목을 받았는데, 2013년에는 페이스북의 CEO 마크 저커버그가 드디어 리더 순위 1위에 선정되었다. 그는 전년도 85퍼센트에서 99퍼센트로 1년 만에 선호도가 가장 크게 상승했다. 아직 30대 초반의 젊은 나이로 후드티에 삼선 슬리퍼를 신고 다니는 CEO 저커버그가 이런 믿음을 얻을 수 있었던 데에는 괴팍하지 않으면서도 직원들의 행동과 생각, 아이디어를 잘 관리하는 리더십이 있었다.

    페이스북에는 그들만이 사용하는 해커톤Hackathon이라는 용어가 있다. 해킹Hacking과 마라톤Marathon의 합성어로 여러 사람이 모여 각자의 아이디어를 해킹하듯 지식과 정보를 교환하되 성과가 나올 때까지 마라톤 하듯 끈질기고 오랫동안 프로젝트를 수행해 나가는 것을 말한다. 프로그래머들의 공동 작업에서 비롯된 이 말은 이미 페이스북의 신상품 개발 프로그램으로 가다듬어져 일종의 중요한 조직 문화가 되었다. 해커톤은 개인의 창의성을 최대한 존중해주는 프로세스이자 그룹의 자율적 협동심을 고취하는 방식이다. 하나둘 해커톤에 참여하게 되는 직원들은 자신들이 회사를 움직이는 중요한 구성원임을 실감하게 된다. 페이스북이 보장하는 개발자들의 자율성은 구글과 같은 경쟁사들로부터 인력들이 모여들게 하는 중요한 요소다. 이런 문화를 만드는 핵심 중 하나가 해커톤이다. 해커톤은 구성원들이 높은 자긍심과 보람을 가질 수 있도록 해주는 페이스북 고유의 조직 지배 규범이 되고 있다.

마이크로소프트, 구글, 고어, 페이스북의 리더들은 앤디 그로브나 스티브 잡스와 같은 괴팍함 없이도 충분히 독할 수 있음을 보여준다. 결론적으로 독한 리더십은 외형적 태도나 스타일의 문제가 아니라 리더가 지닌 내면의 속성에 대한 것임을 알 수 있다.

직원의 가치를 인정한다

미국 뉴욕 주 로체스터에 본사가 있는 웨그먼스 푸드마켓은 일반적인 미국 기업과 차별되는 조직 운영으로 주목받는 식료품 체인 기업이다. 1916년 미국인 존 웨그먼이 설립한 뒤 3대에 걸쳐 운영 중인 웨그먼스는 뉴욕 주를 중심으로 미국 내 70여 개 매장을 운영하고 있는데 기업의 핵심가치 보존을 우선시하는 경영철학으로 매장 확대에 지극히 소극적인 기업이다. 2007년 미국 내 일하기 좋은 기업 3위에 오른 이후 지속적으로 〈포춘〉 100대

기업 상위에 랭크되고 있다.

고객보다 종업원 먼저

웨그먼스가 창업 이념으로 가장 중시하는 가치는 '신선하고 깨끗한 식재료 공급'이다. 웨그먼스를 공동으로 창업한 존 웨그먼과 월터 웨그먼은 다른 식료품 가게와 확연히 차별화될 정도의 신선함이야말로 사업 성공의 척도라 굳게 믿었다. 핵심 가치에 대한 이들의 확고한 신념은 2대와 3대로 변함없이 이어졌다. 그리고 결국 입소문만으로 웨그먼스는 소비자의 마음을 얻는 데 성공했다. 핵심 가치에 대한 회사의 독한 믿음이 치열한 식료품 소매 산업에서 뉴저지, 뉴욕, 펜실베이니아, 버지니아, 메릴랜드 지역의 까다로운 소비자들에게서 가격 대비 높은 품질로 호평받게 된 원동력이 되었던 것이다.

웨그먼스가 최근 경영계에서 주목받게 된 이유는 사실 다른 곳에 있다. 바로 종업원을 가족처럼 여기는 조직 운영의 철학이다. 이런 경영 철학이 창업 당시부터 있었다고 보기는 어렵다. 웨그먼스가 무엇보다 소중하게 여기는 '신선하고 깨끗한 식재료 공급'이라는 핵심 가치를 최대한 높은 수준에서 지속적으로 지키려는 과정에서 자연스럽게 형성되었기 때문이다.

  2대 CEO이자 월터 웨그만의 아들이었던 로버트 웨그만은 회사의 핵심 가치를 더욱 가다듬었다. 그는 더 차별화된 수준으로 조직에 핵심 가치를 내재화하기 위해서는 종업원에 초점을 맞춰야 한다는 결론을 내렸다. 종업원이 리더와 같은 수준으로 핵심 가치를 공유하지 않으면 리더가 생각하는 만큼 조직에 가치가 내재화되지 않는다고 믿었기 때문이다. 그리고 그것은 말이나 제도로 이룰 수 없으며 진정한 '가족'이 되어야 가능하다고 믿었다.

  평범한 직원을 가치 있는 직원으로 만들겠다는 그의 신념은 생각에 그치지 않았다. 로버트 웨그만은 종업원들이 충분히 직무에 만족하고 일터에 대한 자긍심을 갖도록 하는 데 초점을 맞추었다. 채용에서부터 진정 가치를 공유할 수 있는 인재인지 까다롭게 선별했고, 일단 입사한 직원은 보상과 동기부여에도 가족 같은 느낌이 들도록 세심한 주의를 기울임으로써 회사가 인생을 함께하는 가족처럼 느끼도록 관리했다. 마치 가족이 사업을 하다 생긴 이익을 기쁘게 나누듯이 회사 이익을 나누어주는 이익공유 제도와 가족의 건강을 배려하는 관점의 의료보험 등이 대표적인 예다. 웨그먼스의 웹사이트에는 지금도 '고객보다 종업원 먼저'라는 구호가 있다.

    웨그먼스의 종업원 우선주의는 3대 CEO인 대니엘 웨그먼의 경영 아래 더욱더 확고해졌다. 대니엘은 특히 직원들이 회사를 다니면서 대학원에서 수준 높은 교육을 받도록 제도와 지원 방안을 확대했다. 급여도 업계 평균 이상을 항상 유지하도록 세심하게 신경을 썼다. 이러한 독한 리더십은 웨그먼스의 구성원들에게 상상을 초월하는 회사 자부심을 가지도록 만들었다. 미국 식료품 업계의 평균 이직률이 25퍼센트인 데 비해 웨그먼스는 6퍼센트 미만에 불과하다.

    고품질 식재료 고집과 종업원 만족이 무엇보다 우선이라는 확고한 신념에 기반한 웨그먼스의 경영 철학은 우수 인재를 흡입하는 요인이 되고 있다. 소매점에서 일반 매니저로 일하는 직원 중에는 물품을 사러 가게에 들렀다가 조직 문화에 반해 입사 원서를 낸 경우도 드물지 않을 정도다. 코넬대학교 등 유수 대학교에서 MBA를 마친 직원이 웨그먼스의 소매점 매니저 채용에 지원하기도 한다. 웨그먼스에서는 실제 채용 시 지원자가 회사의 차별화된 식재료 사업 방식에 관심을 보이지 않을 경우 입사가 거부되기도 한다. 가치 있는 직원을 뽑아 그 가치를 더욱 크게 만들겠다는 독한 신념이 그대로 실행되는 것이다.

일반적인 서구 기업과 달리 종업원을 가족으로 여기는 동양적인 가치관을 고수하는 웨그먼스의 성공은 보수적인 미국 동부 지역에서 새로운 가치관으로 거둔 것이기에 더 많은 관심을 끌고 있다. 그 중심에는 3대에 걸쳐 내려오는 직원 가치에 독한 리더십이 있다. 웨그먼스의 독한 리더십은 최고 품질의 식재료로 최고의 고객 가치를 창출하겠다는 조직 목표에 일관되게 정렬되어 있다. 이는 종업원에 대한 최고의 투자로 종업원에게 최고의 자부심을 갖게 하고 거기로부터 나온 열정은 경쟁사가 흉내 내기 어려운 강한 조직 문화를 만들어감으로써 독하게 실행되고 있다.

고객과 직접 접촉하는 소매업종의 회사가 "고객보다 자기 회사의 직원이 더 중요하다"라고 자신 있게 외치기는 쉬운 일이 아니다. 더욱이 많은 기업들이 '고객 제일'을 외치는 상황이라면 어지간한 배짱과 신념 없이는 더더욱 어림도 없다. 웨그먼스는 최고의 식재료 품질이라는 핵심 가치를 지키는 것이야말로 진정 고객을 위한 것이며 이를 이루는 사람이 바로 직원이라는 핵심을 간파하고 있다. 고유한 조직 문화를 지킬 수 있어야 한다고 믿기에 신규 점포 확대에도 엄격한 기준을 적용한다. 매출이나 시장의 확대보다 경영 철학의 훼손 없이 지역에 기여하는 일터, 보람과 기쁨을 느끼는 가족 같은 종업원이 일하는 일터를 유지할 수 있느냐를 따진다.

직원의 가치를 존중하라

웨그먼스처럼 직원에 대한 가치를 먼저 존중하는 리더로 스타벅스의 창업자이자 CEO인 하워드 슐츠가 있다. 그는 늘 "직원이 행복해야 고객도 행복하다"라는 신념으로 직원의 행복을 경영에서 가장 중요시한다. 고객 서비스가 핵심 경쟁력인 커피 소매업에서는 일선 직원들의 가치를 존중해주어야 고객의 가치도 존중되고 결국 사업도 성공할 수 있다고 믿기 때문이다.

고객과 직접 부딪치지 않는 업종이라도 마찬가지다. 직원이 행복해야 성과의 질도 달라진다. 미국의 대표적인 소프트웨어 회사이자 최고의 사원 복지로 더 잘 알려진 SAS의 CEO 짐 굿나잇도 "종업원을 행복하게 해주고 최고의 혜택을 제공하는 것은 이들이 회사 성공에 기여한 공로에 대한 존경심의 표현"이라며 '종업원 주권주의'를 실천하고 있다.

애플리케이션 성능관리 기업 제니퍼소프트는 '한국의 구글', '한국의 SAS'라고 불리는 회사다. 이원영 대표는 "직원들이 좀 놀면 안되나요?"라며 자유로운 근무 분위기를 중시한다. 이 회사의 채용공고 맨 마지막 줄엔 "기타: 수영 시간은 근무시간에 포함"이라는 문구가 적혀 있다. 경기도 파주시 헤이리에 있는 회사 지하 1층엔 직원 누구라도 상시 이용 가능한 수영장이 있다. 정규 근무시간 8시간에는 사옥 내에 있는 카페와 수영장 등에서 보내는 개인시간이 포함된다. 설립된 지 10여 년이 지났지만 직원들에겐 월요병이 없다.

이처럼 상식을 뒤엎는 조직인 제니퍼소프트는 최근 골리앗 같은 외국 기업의 틈바구니 속에서 지속적인 실적으로 업계를 놀라게 하고 있다. 파격적인 조직 운영은 리더가 직원 가치에 대해 남다른 신념이 있어야 가능하다. 직원 복지가 좋아야 직원의 가치도 인정받는 것이라고는 말하기 어렵다. 그러나 가치가 있는 직원에 대해 확실하게 가치를 인정해주는 것이 중요하다.

사업에서 크게 성공을 거둔 애플이 1980년 주식시장에 공개되면서 잡스를 포함해 300여 명의 백만장자가 탄생했을 때의 이야기다. 잡스의 오랜 친구이자 창업 멤버인 대니얼 코키는 잡스의 냉정함으로 한 푼도 못 벌었다. 연봉제 직원이 아니라 시급제 직원이기에 기업공개 전에 배당되는 스톡옵션을 못 받았던 것이다. 코키는 창업 멤버였기에 '발기인 주식'을 받을 수도 있었지만 잡스는 초창기를 함께했다는 이유로 지분을 줄 수는 없다고 선을 그었다. 그가 그리 뛰어나지 못한 엔지니어였던데다 초창기 어려울 때 소극적인 태도에서 잡스가 실망했기 때문이다. 창업 동료 스티브 워즈니악마저 등을 돌리게 만든 이런 매정한 결정에 대해 잡스는 "자격이 안 되는 그에게 지분을 주면 다른 우수한 개발자들의 몫이 없어지는 꼴"이라고 단호히 말했다. 냉정하고 차갑지만 잡스다운 그만의 직원 가치 존중 방식이었던 것이다.

GE의 잭 웰치가 조직 가치에 맞지 않는 직원을 떠나게 만든 것도 회사 전체 관점에서 직원의 가치를 높이기 위한 것이었다. 나가모리 시게노부 사장의 호통과 질책에 리더의 배려나 관심이 적다고 말할 수 없다. 리더의 직원 가치 존중 여부는 방식이 아니라 리더의 신념과 행동에서 드러나는 법이다.

원칙에 한 치의 양보 없다

    2012년 3월 21일, 서울 강남구 신사동 가로수길 한 건물 앞이 사람들로 북새통을 이뤘다. 미국 서부지역에서만 볼 수 있다는 인앤아웃 버거In-N-Out Burger가 국내 브랜드 인지도와 소비자 선호도를 평가하기 위해 일일 프로모션을 열었기 때문이다. 중국의 베이징과 상하이, 홍콩에 이어 아시아에서는 서울이 네 번째인데, 특별히 광고도 하지 않은 행사에 페이스북 등을 통해 입소문을 들은 사람들이 몰려든 것이다. 100미터 넘게 줄을 선 사람들 중에 영어로 대화하는 사람들이 유달리 많았다. 대부분 인앤아웃 버거를 아는 유학생 출신이거나 교포들이었던 것이다.

원칙이 경쟁력이다

인앤아웃 버거는 미국 소비자전문지 〈컨슈머리포트〉가 '미국에서 가장 맛있는 햄버거'로 꼽은 햄버거 전문 프랜차이즈다. 미국 캘리포니아와 애리조나를 포함해 5개 주에서만 햄버거를 팔고 있어 미국 유학이나 관광으로 맛을 경험한 이들에게는 가장 잊지 못하는 미국의 추억이기도 하다. 가격도 저렴한데다가 첨가제를 넣지 않은 신선한 패티를 고집하고 있는 인앤아웃 버거는 미국 동부는 물론 해외로도 점포 확장을 하지 않고 있기에 여전히 미국 남서부 지역 여행을 통해서만 맛볼 수 있는 '꿈의 햄버거'다.

인앤아웃 버거는 1948년 캘리포니아 발드윈파크라는 지역에서 해리 스나이더 부부에 의해 설립되었다. 70여 년이 넘도록 업계에서 성공하였지만 체인점은 미국 남서부 캘리포니아, 애리조나, 유타 등에 250여 개밖에 없다. '신선함'이라는 인앤아웃 버거의 경영 철학은 싱싱한 냉장육을 얼리지 않고 조리하는 원칙에서 가장 극명하게 드러난다. '48시간 이내 식자재를 운반할 수 있는 거리'라는 체인점 개설의 원칙도 마찬가지다. 주문이 들어간 뒤에야 철판 위에 냉장 패티를 올리고, 즉석에서 자른 생감자를 기름에 튀기는 조리 원칙도 이런 신념과 가치를 지키기 위한 노력이다.

창립자 스나이더 부부의 아들인 리치 스나이더가 1976년 가업을 이어오고 있지만, 이런 원칙들은 조금도 바뀌지 않고 있다. 창업 후 44년이 지난 1992년에야 남부 캘리포니아가 아닌 라스베이거스에 처음으로 체인점이 생긴 것만 봐도, 인앤아웃 버거의 경쟁력은 '원칙 고수'라는 독한 리더십에서 비롯된 것임을 알 수 있다.

생존하는 가장 영향력 있는 경영 사상가인 짐 콜린스는 최근 연구 결과를 발표하는 자리에서 성공하는 기업의 가장 중요한 요소는 '광적인 규율fanatic discipline'이라고 말했다. 그가 20년이 넘도록 집요하게 파헤친 위대한 기업의 핵심적인 성공 요인은 기발한 혁신이나 창의성이 아니라는 것이다. 콜린스가 말한 규율은 군대와 같은 조직 문화를 의미하는 것이 아니다. 조직의 비전과 신념, 원칙과 규칙이 리더부터 말단 구성원까지 조직 전체를 확실하게 지배하는 조직 분위기다.

1997년 애플에 복귀한 잡스가 가장 처음 한 일은 혁신과 창조가 아니었다. 과거 잡스가 있던 당시와 달리 사라진 디자인과 제품의 품질에 대한 규율을 바로잡는 것이었다. 잡스는 애플에 복귀하자 화이트보드에 네 개의 박스를 그렸다. 그리고 랩톱과 데스크톱에서 각각 전문가용, 일반인용으로 나눈 네 가지만 적어놓고 그 외의 제품군은 모두 사업에서 철수한다고 선언했다. 다 잘하려고 하면 제대로 하는 게 하나도 없다는 잡스의 신념을 선언한 것이다.

　최고의 제품만을 만들겠다는 잡스의 신념으로부터 제작과 디자인에서 몇 가지 원칙이 세워졌다. 예컨대 디자인에서는 '단순함'이 원칙이다. 거실에 가구를 들여놓는 것 자체도 힘들어 할 정도로, 잡스에게 단순함은 원칙을 넘어 개인의 생활 방식이자 신념 자체였다. 1977년 한 입 베어 먹은 사과 모양의 회사 로고를 처음 만들어 애플II 팸플릿에 인쇄할 때, 잡스는 레오나르도 다빈치가 말한 "단순함이란 궁극의 정교함이다Simplicity is the ultimate sophistication"라는 문구를 그 옆에 잘 보이게 찍어넣을 정도였다. 잡스에게 단순함이란 복잡함을 무시하는 것이 아니라 복잡함을 뛰어넘는 상당한 노력을 뜻했다. 아이폰이 처음 나왔을 때 홈 버튼 하나만 있는 디자인으로 세상을 놀라게 한 사건은 이를 잘 보여준다.

　최고를 만들겠다는 잡스에게 고객 조사는 어울리지 않는 방식이었다. 고객 가치 기준은 자신의 확신이라는 원칙이었다. 매킨토시를 선보인 날, 한 기자가 어떤 방식으로 시장조사를 했는지 물었을 때 그는 코웃음치며 되물었다. "알렉산더 그레이엄 벨이 시장조사 같은 걸 하고 전화를 발명했나요?"

　원칙을 벗어나 실패한 경우 잡스의 질책은 상상 이상으로 혹독했다. 잡스는 2001년부터 PC가 다양한 라이프스타일 기기들의 디지털 허브 역할을 하는 비전을 품고 있었다. 그러나 잡스에게 2008년 여름 출시된 제품 '모바일미'는 그의 표현을 빌리자면 "한마디로 엉망이었다." 기기 간 호환에서 단순함과는 거리가 먼 복잡함으로 문제를 드러낸 것이다. 제품에 대해 〈월스트리트 저널〉 등 언론이 집중 포화를 퍼붓자 잡스는 폭발하고 말았다. 그는 모바일미 팀 전원을 본사 강당에 불러 30분이 넘게 질책하고는 모두가 보는 앞에서 팀의 책임자를 물러나게 했다.

　프리미어리그 맨체스터 유나이티드의 감독 알렉스 퍼거슨도 신념을 지키기 위한 원칙에는 절대로 타협하지 않는 리더다. 2012~2013년 시즌을 마지막으로 은퇴한 퍼거슨이 재임 27년간 언제나 입에 달고 다닌 말은 "팀보다 큰 선수는 없다"였다. 그리고 "내 방식에 따르지 않으려면 떠나라my way or highway"라고 말하며 팀 우선주의, 팀 제일주의 원칙에 맞지 않는 선수는 언제든지 떠나게 했다. 스타 플레이어 한두 명에 의지하지 않는 강한 팀 문화를 만들겠다는 단호한 의지였다.

퍼거슨의 원칙 고수는 실제로 수많은 스타 플레이어를 가차 없이 떠나보낸 단호함에서 잘 드러난다. 퍼거슨은 데이비드 베컴, 로이 킨, 뤼트 판 니스텔로이 등 감독보다 많은 연봉을 받는 스타 플레이어도 팀워크를 해칠 위험을 보이면 가차 없이 팀에서 내보냈다. 그리고 언론과의 인터뷰에서도 기회 있을 때마다, 화려하지는 않지만 맡은 역할을 묵묵히 수행하는 선수들의 가치를 높이 평가했다. 박지성 선수를 아낀 것도 이런 팀워크에 맞는 투지와 희생정신을 높이 샀기 때문이다. 퍼거슨의 팀 플레이어 중시 원칙은 전임자였던 론 앳킨슨이 원칙 없이 스타플레이어 영입으로 팀을 운영하다 실패했기에 더욱더 많은 지지를 받았다.

신념에 바탕을 둔 원칙

인앤아웃 버거의 스나이더 가문이나 맨체스터 유나이티드의 퍼거슨 감독은 신념을 지키는 독함이 조직을 성공시킨다는 점을 증명해 준다. 인앤아웃 버거는 얼마든지 더 많은 체인점을 통해 쉽게 돈을 벌 수 있었다. 맨체스터 유나이티드도 재력과 평판으로 얼마든지 뛰어난 스타 플레이어들을 영입할 수 있었다. 그러나 유혹에 꿈쩍하지 않고 묵묵히 신념과 원칙을 지킨 독함이 있었기에 최고의 햄버거, 최고의 팀으로 오랜 기간 존속할 수 있었던 것이다.

성장이 꾸준한 기업들은 이와 비슷한 독함이 있다. 말하자면 무조건 많이 벌기 위해 노력하는 것이 아니라 스스로 정한 원칙을 지키는 절제의 철학이 있다. 인텔이나 마이크로소프트, 사우스웨스트항공과 같은 기업들은 아무리 호황이어도 불황기를 대비해 성장율을 조절한다. 미국 동북부 지역에서 최고의 직장으로 꼽히는 웨그먼스 푸드마켓도 지점 개설에 매우 엄격하다. 고어 사는 하나의 사업장당 직원을 200명 이상 고용하지 않는다. 모두 기업의 가치, 조직의 고유한 문화를 오래도록 보존하기 위해 고수하는 원칙들이다.

피터 드러커는 "좋은 일은 우연히 일어나지 않는다"라고 말했다. 신뢰 확보는 리더의 올바른 판단이 지속적이고 일관되게 이루어질 때 가능하다. 아마존의 제프 베조스는 텔레비전 광고를 하지 않는다. 온라인 서점을 제패한 완벽한 1인자가 되도록 그가 양보하지 않는 신념은 '고객과의 약속을 지키는 것이 TV 광고보다 더 효과적'이라는 것이다. 그는 2002년 온라인 사업에서 입소문이 얼마나 중요한지를 깨닫게 되자 즉시 모든 텔레비전 광고에서 철수하라고 지시했다. 자신에 대해 이렇다 저렇다 선전하는 텔레비전 광고가 자신의 신념을 훼손한다고 본 것이다. 이후로도 텔레비전 광고 효과에 대한 주변의 권고와 주장이 아무리 거세도 그는 조금도 물러서지 않고 있다.

내면의 진심으로 소통한다

　축구 국가대표팀의 홍명보 감독은 기술적 실수에 관대하지만 선수들이 정신적으로 실망스러울 때는 가차 없다. 일본 J리그 가시와 레이솔 팀의 주장으로 활약하던 때도 '깜짝 호통'으로 선수들을 다잡았다. 그는 카리스마 있지만 군림하지 않고, 규율을 강조하지만 소통과 평등의 의미를 알고 있었다. 2002년 월드컵 당시 히딩크 감독은 선배를 어려워하는 후배들이 경기 중 소통에 어려움을 겪는 것을 알고는 선수 간 존댓말 사용 금지를 명했다. 최고참이자 주장이었던 홍명보는 막내 김남일 선수에게 "명보야, 밥 먹자"라는 소리를 들었지만 아무런 문제도 삼지 않았다. 감독이 된 홍명보는 2009년 청소년대회 기간에 스무 살 가까이 차이가 나는 선수들에게 오히려 존칭을 써서 주위를 놀라게 했다. 또 선수를 다그치는 수석코치 김태영에게 "선수들에게 언성을 높이는 것은 결국 나 자신을 깎아내리는 것이더라. 나를 낮추니 선수들이 따라오더라"라고 충고하기도 했다. 홍명보 감독은 말하는 방식이 아니라 내면의 진심이 소통의 질을 결정한다는 점을 잘 알고 있다.

호통은 관심이다

이와는 대조적으로 일본전산의 나가모리 시게노부 사장은 소위 '호통 경영'으로 유명하다. 화장실 청소나 오래달리기 같은 기상천외한 채용 관문을 통과한 직원들은 하루에도 수십 번씩 사장의 호통에 깜짝깜짝 놀라기 일쑤다. 시게노부 사장은 아주 작은 실수도 용납하지 않고 눈물이 찔끔 날 정도로 크게 혼낸다. 그는 이 과도해 보이는 질책을 자신만의 경영 철학에 기반한 방식이라 말한다. 혼내는 것이야말로 아주 특별한 관심을 보이는 것이며 아끼는 직원일수록 일부러 더욱 호되게 나무란다고 말한다. 리더가 진심으로 직원이 하는 일에 관심을 가지고 들여다보면 필연적으로 나무라거나 질책할 일이 더 많이 생긴다는 것이다. 만일 관심을 덜 가지면 자연스럽게 혼낼 일도 줄어들겠지만 그것은 조직의 성공을 위해 리더로서 직무유기라는 것이다.

그는 상사가 어떻게 하느냐에 따라 직원의 태도, 행동, 사고가 결정되는데, 직원을 혼내는 것은 상사의 애정이라고 믿는다. "아무 말도 않는 것은 배려가 아니라 단지 불친절일 뿐이다. 사장은 싫은 사람이 있다면 내보내면 된다. 내보낼 수 없다면 혼내기보다 입을 닫고 피하면 된다. 회사는 일하는 곳이 아니라 실적을 올리는 곳이다. 혼낸다는 것은 직원이 좋은 성과를 내기를 바라는 표현 방식이다"라고 말한다. 심지어 "우수한 사원이 그만둘까봐 눈치를 본다면 그는 한심한 사장이다. 5년 이상 재직한 사원이 그만두고 싶다고 말하면 기분 좋게 보내주어라. 그것이 결국 본인과 회사를 위한 길이다"라고 충고한다.

그런데 더욱 이상한 것은 직원들이다. 일본전산의 직원들은 사장의 노발대발하는 꾸지람을 듣고 나면, 오히려 '사장님이 내 일에 대해 관심이 있구나'라고 생각한다. 사장의 진심이 그대로 전달되어 수용되고 있는 것이다. 만약 보고를 해도 질책이 없으면 그 직원은 오히려 의기소침해 한다.

일반적인 조직에서라면 아무리 리더가 관심이 있어서 혼낸다고 해도 십중팔구 호통 소리가 커질수록 반발과 불만도 커질 것이다. 그런데 일본전산에서는 어떻게 리더의 진심이 직원들의 마음에 제대로 전달될 수 있었을까? 그 비결은 시게노부 사장의 숨은 노력에 있다. 시게노부 사장은 1년에 한 번씩 직원들의 아내와 부모에게 리더로서 고마움을 전하는 편지를 쓴다. 한 명 한 명 직원의 이름을 적고 그와 직접 접촉했던 사연을 적으며, 그가 하는 일이 얼마나 회사에 중요한지를 말하며 편지를 쓴다. 그 편지는 직원 모르게 집으로 배달된다. 어느 날 회사에서 사장에게 크게 혼나고 풀이 죽어 퇴근한 직원이 사장의 편지에 감동하고 감사해 하는 부모님과 아내의 말을 듣는다면, 사장의 진심을 이해하지 않을 직원이 있을까? 일본전산의 직원들은 사장에게 칭찬 한 번 들어본 적이 없고 호통도 눈물이 찔끔 날 정도로 많이 당하지만, 사장의 신념과 원칙을 알기에 불만이 없다.

경영에 민주주의는 없다

주식회사 무사시노를 이끌고 있는 CEO 고야마 노보루 회장은 독특한 철학을 지닌 리더다. 그는 매년 적자이던 회사를 연매출 39억 엔의 내실 있는 기업으로 바꾸어 2000년대 일본의 각종 경영자상을 수상하기도 했다. 1976년 일본 서비스머천다이저(현 주식회사 무사시노)에 입사했다 퇴직하여 다른 사업을 하다 1985년 재입사한 그의 경력도 이채롭지만, 1989년 대표이사 겸 사장으로 취임한 후 자신의 경영 철학과 경험을 메모하여 책으로 엮어낸 것으로도 유명하다.

고야마 노보루 회장은 《사장론》에서 "좋은 회사와 나쁜 회사가 있는 것이 아니라 좋은 사장과 나쁜 사장이 있을 뿐이다"라고 잘라 말한다. 그의 책에는 일반적인 상식을 뒤엎는 리더십 포인트가 적지 않다. 예를 들어 그는 공부를 하지 않는 사장은 한심하지만, 혼자만 공부하는 사장은 더 한심하다고 일갈한다. 왜냐하면 그런 사장은 직원과 자신과의 거리만 벌리는 꼴이기 때문이라는 것이다.

또 그는 사원의 자발성에 맡기는 회사는 실적이 나쁘다고 말한다. 자신의 경험에서 볼 때 강제로 공부를 시키는 회사가 더 성공했다는 것이다. 요즘 같은 자율·창의의 시대에 비난받기 십상인 말이지만 그의 진심을 알면 수긍할 수밖에 없다. 그는 "사원이 공부해야 조직 목표를 달성할 수 있다면, 사원이 공부하지 않으면 조직이 성공하기 어렵다. 그런데도 조직의 리더인 당신은 사원이 자발적으로 공부해주기를 기다리겠는가?"라고 말한다.

그는 경영에 민주주의란 있을 수 없다고도 단언한다. 회사에서 결정을 내리는 사람과 책임을 지는 사람은 사장이므로 사장의 결정이 틀렸다 해도 결정 자체를 위임해서는 안 된다는 것이다. 결정을 위임하면 결국 책임지는 사람이 아무도 없게 되며 일을 제대로 하는 경우는 드물다는 것이 그의 지론이다.

고야마 사장은 일을 맡기고 잘 체크하지 않는 것을 죄악시한다. 지나친 간섭으로 반발을 살 수도 있겠지만 이런 스타일은 '사람은 신용해도 일은 신용해서는 안 된다'라는 확고한 신념에서 비롯된다. 그는 일은 신용하지 않기에 철저히 체크해야 하며 그것도 남들 눈에 이상하게 보일 만큼 해야 비로소 철저함을 기한 것이라 할 수 있다고 말한다.

진심은 비난을 이긴다

GE의 전임 회장 잭 웰치는 '중성자탄 잭'이란 별명이 있다. 재임 시절 사업 구조조정과 직원 해고에 무자비함을 보였기 때문이다. 그러나 사실 잭 웰치 회장은 직원 배려에 대한 자신만의 신념이 확고했기에 남들 눈치를 보지 않았던 것이다. 그는 퇴임을 앞두고 가진 한 인터뷰에서 이렇게 말했다.

"회사에서 요구하는 역량을 못 갖춘 직원을 해고한다는 이유로 사람들은 내가 잔인하다고 말합니다. 그러나 나는 회사와 가치관이 다른 직원들에게 빨리 본인에게 맞는 회사를 찾거나 능력을 개발하도록 알려주는 것이 훨씬 중요하다고 생각합니다. 크게 문제없다는 이유로 그냥 적당히 지내도록 하다가 중년이 훨씬 넘어가서 더 이상 쓸모가 없다고 해고하는 것이야말로 가장 잔인한 짓입니다."

깊이 들여다보면 조직의 성공과 발전이라는 전제 위에 인간의 가치에 대한 진정한 이해와 존중을 담은 진심 어린 배려가 있었던 것이다. 직원 배려에 대해서까지 내면의 독함이 있었기에 잭 웰치는 토마스 에디슨이 설립한 미국의 대표 기업 GE를 세계 최고의 회사로 다시 회생시킨 성공적 리더가 될 수 있었던 것이다.

스티브 잡스는 이루 말하기 힘들 정도로 괴팍했지만 고객과 세상을 위한 그의 진실된 신념이 많은 추종자들을 낳았다. 잡스 주변에 인재가 넘쳐나게 된 이유는 아이러니하게도 잡스 자신 덕분이었다. 수많은 결점을 지녔음에도 불구하고 잡스는 뭔가 해낼 것 같은 믿음을 주었기 때문이다. 그 믿음은 잡스가 무슨 일을 대하든 놓지 않았던 위대한 목표에 대한 열망, 즉 '우주에 흔적^{dent}을 남기고 싶다'던 잡스의 진심이 이해되었기에 생겨난 것이다. 애플에 근무했던 사람들은 "그와 일할 때면 마치 그가 세계의 중심 같은 존재로 여겨졌다"라고 입을 모은다.

독한 리더들은 세상의 비난을 무서워하지 않는다. 언제나 진실한 마음으로 충실하게 일했기 때문이다. 그 방식이 이해받지 못해도, 자신의 신념이 그 안에 있는 한 아무리 큰 비난이라도 조금도 꺼리지 않는다. 이런 독함은 오해로 인한 비난에 전혀 흔들리지 않는다. 리더의 진심은 결국 드러날 것이란 믿음 때문이다. 설령 진심을 알아주지 않는다 해도 독한 리더는 별로 개의치 않는다. 스스로 부끄러움이 없는 것으로 만족할 뿐이다.

위기에 더 빛난다

영국 공영방송 BBC는 지난 2002년 자국민 100만 명을 대상으로 설문을 실시하여 '위대한 영국인 100명'을 선정했다. 아이작 뉴턴과 셰익스피어가 각각 2위, 3위를 차지한 가운데 가장 위대한 영국인 1위에 오른 인물은 바로 윈스턴 처칠 전 수상이다. 사납고 고집스런 불독으로 곧잘 비유되는 처칠. 그러나 그가 보여준 불굴의 용기와 리더십은 영국민 가슴 깊이 남아 전해지고 있는 것이다.

위기일 때가 독해지는 기회다

　2차 세계대전 직전, 독일의 팽창 야욕으로 전운이 감돌던 유럽에서는 이상하리만치 히틀러를 정면으로 비판하던 정치인이 드물었다. 1차 세계대전의 아픈 기억이 아직 생생한 상황이라 히틀러의 심기를 건드리다 자칫 충돌이 발생할까 두려워했던 것이다. 오직 영국의 처칠만이 히틀러의 야욕과 그 결과의 위험성을 정확히 꿰뚫어보고 홀로 히틀러를 강하게 비판했다.

　당시 유럽 언론은 처칠을 보고 '전쟁광'이라며 비난했다. 오히려 히틀러를 평화적으로 제어하려 노력한 영국 수상 체임벌린이 위대한 지도자로 오르내렸다. 그러나 체임벌린의 우유부단함과 히틀러에 대한 오판으로 발발한 2차 세계대전으로 유럽 대륙은 순식간에 히틀러의 손아귀에 들어갔다. 이제 외롭게 히틀러에 맞서야 하는 영국은 그동안 전쟁광이라 비난하던 처칠에게 나라의 운명을 맡기는 처지가 되었다.

　1943년 처칠이 전시 내각을 수립했을 당시 독일 전투기들은 하루에도 1,000여 대씩 런던을 폭격하였다. 리더 처칠에게 가장 중요한 미션은 국민에게 희망을 주고 마음을 모으는 일이었다. 하루 18시간 이상을 일하며 국민을 독려하던 처칠은 라디오 방송을 통해 "전쟁에서 이기려면 우리가 가지고 있는 땀과 눈물밖에 바칠 것이 없다"라고 외쳤다. 처칠의 호소에 영국 국민은 3일치 양식을 가지고 보름이나 견디면서 싸울 힘을 얻었다.

전쟁에서 승리하려면 미국의 지원이 절실했다. 독일군에 뒤지는 전투기, 잠수함, 탱크와 대포 등 무기를 보면 의지만으로 전쟁에 이길 수 없었기 때문이다. 처칠은 단도직입적으로 미국에 "장비를 주시오, 우리가 끝내겠소!"라고 호소했다. 당시 미국 국내법은 우방국에 무기를 지원할 수는 있으나 수송은 반드시 요청한 나라가 책임지도록 되어 있었다. 그러나 처칠의 직접적이고 가식 없는 단호함은 루스벨트 대통령과 미국 정치인들로 하여금 법안을 수정하여 무기를 지원하도록 만들고야 말았다.

정계 은퇴 후 처칠이 모교 초청으로 연설을 하게 되었을 때다. 교장 선생님은 학생들에게 "여러분의 대선배이신 처칠 경이 말씀하실 때 한 마디도 **빼놓지 말고 받아쓰라**"라고 지시한 터였다. 지팡이를 짚고 강단에 서서 두꺼운 안경 너머로 학생들을 한참 동안 응시하던 처칠은 다음과 같은 말만 하고는 뚜벅뚜벅 걸어내려갔다.

"여러분 결코 포기하지 마시오! 결코! 결코!"

나라가 절체절명의 위기에 **빠졌을** 때, 국민을 하나로 결집시켜 결국 유럽을 히틀러의 손아귀로부터 건져낸 처칠의 리더십은 한마디로 독한 리더십이었다. 만약 그가 조금이라도 덜 독했더라면 오늘날 우리는 지금과 훨씬 다른 세상을 살고 있을지도 모를 일이다.

독한 리더는 평소 때보다 위기에 진가가 드러난다. 난세가 영웅을 만들 듯, 위기가 독한 리더십을 드러나게 만드는지도 모른다. 일본의 떠오르는 기업 무사시노를 이끄는 고야마 노보루 사장은 위기가 오히려 리더십 발현의 기회가 됨을 강조했다.

"세상이 위기일 때가 기회다. 불황, 공황, 자연재해 등 세상이 위기 상황일 때는 반드시 있다. 이럴 때가 기회다. 세상 사람들이 어떻게 행동해야 좋을지 몰라 우왕좌왕하고 고민하느라 낑낑대는 이때야말로 빨리 결단을 내려서 행동해야 한다."

위기의 조직을 구하는 독한 리더십

2013년 3월, 일본의 주요 일간지에는 JAL^{일본항공}의 이나모리 가즈오 명예회장의 퇴임 소식이 전해졌다. '아메바 경영'의 창안자 이나모리 가즈오는 전후 작은 부품업체 교세라를 창업하여 세계적인 기업으로 키워냄으로써 일본인에게 '경영의 신'으로 칭

송받는 경영자다. 그가 쓰러져가던 기업 JAL을 CEO로 취임한 지 3년 만에 되살리고 물러난 것이다.

1951년 창립된 항공회사 JAL은 일본의 항공 역사에서 상징과 같은 회사다. 그러나 사업 중복과 비효율성, 관료 출신의 낙하산 인사로 인한 경영 실패로 적자 폭을 키우다 서서히 어려움에 처하게 되었다. 위기임에도 대마불사大馬不死의 헛된 기대로 화려한 공기업의 부활을 꿈꾸며 안일하게 대처하던 회사는 결국 지난 2010년 법정관리와 상장폐지라는 몰락을 겪는다.

쓰러진 JAL의 회생을 위해 총리까지 나서 삼고초려하여 영입한 구원투수가 바로 이나모리 가즈오다. 교세라의 명예회장으로 일선에서 물러나 있던 가즈오는 노구를 이끌고 국가를 위해 다시 경영 일선에 복귀할 수밖에 없었다. JAL의 CEO로 취임한 가즈오 회장은 급여를 한 푼도 받지 않겠다고 선언함으로써 위기의 조직을 되살리는 데에는 뼈를 깎는 고통이 불가피함을 호소했다.

회장 취임 한 달 만에 "법정관리 후에도 직원들에게 위기의식이 보이지 않는다"라고 질타한 가즈오 회장은 더욱 무서운 속도로 경영 혁신에 나섰다. 수익이 나지 않는 국제선 40퍼센트와 국내선 30퍼센트는 노선을 폐지하는 등 강도 높은 구조조정에 나섰다. JAL의 재무 상황을 수렁에 빠뜨렸던 퇴직자 연금을 안정화하기 위해서는 퇴직자 설득에 직접 나서 결국 지급 규모의 30퍼센트 삭감 동의를 얻어냈다.

가즈오의 솔선수범과 직원들의 동참이 보여준 뼈를 깎는 노력은 정치권과 채권단에게도 깊은 인상을 주어 파격적인 지원을 이끌어냈다. 일본 정부는 JAL에 대해 법인세를 7년간 면제해주고, 은행권은 5,200억 엔의 대출금을 탕감해주었다. 그리고 결국 가즈오가 진두지휘한 빠르고 독한 회생 노력은 취임 8개월 만에 이익을 내는 것으로 열매를 맺었다. 나아가 이듬해는 사상 최대인 1,870억 엔의 영업이익을 냈다.

가즈오의 진두지휘 아래 파산 위기에 놓였던 회사는 불과 8개월 만에 흑자 기업으로 탈바꿈했고, 이후 이나모리 체제 3년간 흑자 체제를 유지하며 경영이 궤도에 올라섰다. JAL은 2012년 말 2년 8개월 만에 도쿄증권거래소에 재상장하며 전 세계에 존재감을 과시했다. 당시 JAL의 기업공개IPO 규모는 85억 달러로 지난 해 세계 IPO 가운데 미국 페이스북(160억 달러)에 이어 두 번째로 컸다.

JAL이라는 거대 공룡 기업을 빈사 상태에서 성공적으로 회생시킨 이나모리 가즈오의 독한 리더십은 그가 왜 '역시 경영의 신'이라 불리는지 말해준다. 그는 국영기업의 고질병이었던 '설마

망하라'라는 무사안일주의를 뿌리째 뽑고 위기를 위기로 인식시켰다.

  위기에 빠진 조직의 리더는 보통의 리더로 남지 못한다. 위기를 극복한 최고의 리더가 되느냐, 위기로 인해 좌초한 최악의 리더로 남느냐 둘 중 하나다. 그리고 그 결과는 리더의 '독함' 정도에 의해 판가름된다. 리더가 지닌 독함의 차이는 위기를 바라보는 태도에서 갈린다. 위기에 정면으로 맞서고 고통에 동참할 것을 호소한 처칠과 위기에 몸을 움츠리고 헛된 희망만 품고 현실을 외면하다 실패한 체임벌린의 차이가 이를 잘 보여준다.

자신만의 리듬을 탄다

2012년 7월 28일 런던의 올림픽파크 아쿠아틱스 센터. 런던 올림픽 남자 수영 400미터 예선 3조 경기가 막 끝났다. 전광판에 찍힌 기록인 3분 36초 68의 주인공은 올림픽 2연패를 노리는 '마린보이' 박태환 선수였다. 조 예선 1위로 결선에 진출하게 된 박태환은 자신의 레이스에 만족한다는 듯이 이를 드러내고 주먹을 불끈 쥐어 보였다.

그러나 기쁨도 잠시, 8명의 심판 중 한 명인 캐나다 국적의 빌

호건은 박태환이 출발 전 미세하게 움직였다며 실격을 선언했다. 당황한 대표팀 감독이 즉시 이의를 제기했으나 받아들여지지 않았다. 이어 우리나라 선수단 대표가 국제수영연맹 기술위원회에 2차로 이의를 신청하고 비디오 분석을 의뢰했다. 다행히 기술위원회는 장시간 토론을 거쳐 그날 오후 늦게 판정을 번복하고 박태환의 결선 진출을 선언했다.

다행스럽게 결과가 번복되긴 했으나, 박태환 선수에겐 만 하루가 넘는 악몽의 시간이었다. 전 국민의 응원과 기대를 한 몸에 받고 있던 터라 실격 판정으로 극심한 스트레스를 겪었음은 물론이다. 밥도 못 먹을 정도로 마음고생이 심해 코치진들은 이미 성적에 대한 기대를 내려 놓은 상태였다. 그 상태로는 제 기량을 발휘하는 것이 불가능함을 알고 있었기 때문이다. 그러나 박태환 선수는 불굴의 의지로 결선에서 귀중한 은메달을 획득함으로써 큰 감동을 자아냈다.

박태환 선수가 자신과의 싸움에서 이길 수 있었던 이유는 자신만의 리듬을 잃지 않았기 때문이다. 보통 사람이라면 견뎌내기 어려웠을 극도의 스트레스 속에서도 자신이 훈련한 스피드를 조절하는 리듬을 탔기에 금메달 못지않은 성적을 거두었던 것이다.

자신만의 속도로 달린다

최근 들어 스피드 경영이 기업에 큰 화두가 되고 있다. 환경이 빠르게 변하므로 조직도, 전략도 빠르게 따라가지 못하면 도태된다는 것이다. 그러나 빠르다고 무조건 다 되는 것은 아니다. 자신만의 스피드와 리듬을 독하게 지켜나가는 것이 중요하다. 독한 리더가 중요하게 여기는 것은 액셀러레이터가 아니라 변속기다. 조직의 역량, 사업 환경에 맞추어 필요에 따라 스피드를 조절해야 하기 때문이다.

최근 〈하버드비즈니스리뷰〉에서는 속도만 추구하며 전진밖에 모르는 '스피드 기업'은, 중요한 순간마다 잠시 멈춰 회사가 올바른 방향으로 가고 있는지 확인하는 기업보다 실적이 저조하다고 지적했다. 영국의 경제정보 평가기관인 이코노미스트 인텔리전스 유닛EIU은 343개 기업을 대상으로 조사한 결과 경영진에서 일선 현장까지 적절한 감속을 통해 생각과 행동을 일치시키는 기업이 그 반대 유형의 기업보다 3년 평균 매출 및 영업이익 성장률이 각각 40퍼센트, 52퍼센트 더 높다고 발표했다.

1990년대 경영계에서 가장 손꼽히는 성공 사례는 단연 IBM의 회생이다. 이 회생을 주도한 루 거스너는 자신만의 리듬으로 전체 레이스를 주도했기에 결국 성공할 수 있었다.

1914년 토머스 왓슨에 의해 설립된 IBM은 1980년대까지 '세상에서 가장 중요한 산업에서 가장 중요한 기업'이라는 자부심에 걸맞은 최고의 기업이었다. 그러나 기존의 성공 신화에 도취되어 대형컴퓨터에만 집착했고, 조직은 서서히 비대해지고 관료화되었다. 결국 시장과 고객으로부터 멀어져 위기가 와도 위기의식조차 느끼지 못하는 빈사 상태에 빠지고 말았다. 1993년 이사회는 큰 결심을 하고 구원투수를 찾아 나서, 맥킨지 출신의 젊은 경영자 루 거스너에게 IBM 회생의 키를 맡기게 된다.

루 거스너에게 1993년 침몰 직전의 거함 IBM을 회생시키는 키를 잡기로 결정했던 일에 대해 루 거스너는 "죽음의 소용돌이 안으로 들어가는 것 같았다"라고 회상한다. 주식은 전성기의 7분의 1로 떨어지고 직원들은 절망에 휩싸여 있었기 때문이다. 그러나 거스너는 먼저 한 손으로 조정키를 분명히 잡고 다른 손은 변속 레버에 얹었다.

CEO의 자리에 오르자 거스너는 컴퓨터 본체에 초점을 맞추고 부채 삭감과 마케팅 주력, 직원의 활기 불어넣기에 모든 역량을 쏟아붓기로 결정했다. 그러나 결코 서두르지 않고 설정된 궤도에 분명하게 안착하도록 배를 안정시키는 데 주력했다. 그는

18개월쯤 지나 "IBM을 바꾸는 것은 1~2년 만에 할 수 있는 일이 아닙니다. 안정이 없다면 장기적 문제를 해결할 수 없습니다"라며 서두르지 않은 이유를 말했다.

그 후, 거스너는 전혀 다른 전략을 취했다. 3만5,000개의 일자리 감소로 이어지는 구조조정을 단행해야 할 때, 거스너는 천천히 다가오는 죽음이 아닌 단두대와 같은 방식을 선택했다. 이런 이유에 대해 거스너는 "조금씩 끊임없이 괴로움을 주는 것은 피해야 합니다. 지난 2년간 해온 것처럼 천천히 구조조정을 하는 것은 조직을 더 쇠약하게 만들 것입니다"라고 말했다.

각고의 노력 끝에 IBM의 서비스 부문이 빠르게 성장하기 시작하자, 월스트리트를 비롯한 대주주들은 좀더 속도를 내서 IBM이 빨리 바뀌기를 원했다. 그러나 이들이 심하게 다그쳤음에도 거스너는 압박으로 인해 결정을 내리는 법이 없었다. 거스너는 심지어 첫 주주총회에서 주주들에게 '빠른 회복'을 기대하지 말라고 경고하기까지 했다.

오랫동안 IBM을 지켜본 애널리스트 스티브 미루노빅은 "그는 시간을 전략적으로 사용했습니다"라고 거스너의 리더십을 평가했다. 루 거스너의 성공은 경영의 속도를 잘 조절한 데 기인했다. 그의 변속 역량 덕분에 IBM은 부활할 수 있었다. 루 거스너는 시장이나 주주가 아무리 압박해도 스스로 생각하는 속도를 지켰다. 빠르게 움직여야 할 때는 가혹하리만치 변화에 드라이브를 걸어 회사의 적응력을 급속하게 이끌어냈지만, 더 장기적인 관점의 변화에는 신중하고 꼼꼼하게 대응함으로써 조직의 체질을 강화해나갔다.

이처럼 노련한 변속 능력은 자신에 대한 확고한 믿음이 있었기에 가능했다. 루 거스너는 IBM을 회생시키는 과정에서 주주, 증권시장, 언론으로부터 상당한 압력을 받았지만 이를 극복한 가장 큰 힘은 자신에 대한 믿음이었다. 언론과의 갈등에서 거스너 또한 독단적인 언행으로 한때 유력한 언론 매체인 〈포춘〉으로부터 맹렬한 비난을 받기도 했다. 그러나 자기 확신과 능력에 대한 굳건한 믿음을 잃지 않았던 루 거스너는 역풍과 순풍에 휘둘리지 않고 자신의 신념에 맞추어 경영의 속도를 조절했다. 최종적으로 세상은 '세기의 위대한 기업 회복' 사례로 평가받는 IBM의 부활을 독한 리더 루 거스너의 공으로 돌리고 있다.

독한 리더의 스피드란 전략적 속도다

리더십의 대가 스티븐 코비 박사는 '급하고 중요한 것'보다 '급하지 않고 중요한 것'을 잘 챙기는 것이 진정한 리더라고 말했다. 예를 들어 미국의 온라인 신발 판매 기업 재포스가 반품 배송비를 받지 않는 이유도 당장 급한 '비용 절감'보다 장기적으로 가장 중요한 '품질에 대한 신뢰 확보'에 대한 리더 토니 셰이의 신념 때문이었다. 이는 단골 고객 증가와 이들의 입소문으로 회사는 비약적으로 성장하는 토대가 되었다. 당장의 실적과 바쁜 일상 속에 파묻혀 '급하고 중요한 것'만 생각하다 보면 정작 중요한 것을 잃게 된다.

급한 것보다 중요한 것을 보는 독한 리더는 남이 보지 않는 곳을 보고, 남이 보는 곳이라도 다르게 본다. 남이 중요하다고 하는 것에 무관심하고, 반대로 남이 아무런 관심을 기울이지 않는 것에 집중한다. 남이 뛰어갈 때 걷는가 하면, 남이 여유 부릴 때 발 빠르게 움직이기도 한다. 사실 일부러 남과 다르게 행동한다기보다 자신의 목표에 초점을 맞추고 남들 시선에 아랑곳없이 움직이다보니 그렇게 보이는 것이다.

루 거스너의 사례에서도 보듯이, 최근 기업 경쟁력의 핵심으로 회자되는 스피드 경영을 보는 눈에서도 독한 리더들은 남다르다. 남을 따라하지 않는 자기만의 페이스가 있다. 시류에 휩쓸리지 않고 자신만의 리듬과 타이밍이 있다. 일반인이 보기에는 너무 느려 터지거나 너무 서두르는 것처럼 보이지만 독한 리더에겐 가장 편안하고 자연스러운 속도다.

그렇다면 독한 리더십이 추구하는 스피드는 어떤 것인가? 첫째, 올바른 것을 빠르게 하는 것이다. 정도를 걷지 않고 요령과 편법을 통해서 목적을 빨리 달성하는 것은 스피드의 의미가 없다. 세상에는 빨리 하기 어렵거나 오히려 차근차근 천천히 해야 되는 일도 많다. 품질의 대명사였던 도요타는 글로벌 넘버원이라는 성과 유혹에 빠져 충분한 시간을 투자해야 할 품질관리에 소홀하다 결국 큰 대가를 치르지 않았는가?

둘째, 스피드 자체가 목적이 되는 오류를 범하지 않는다. 제약회사 머크는 지난 1995년 '가장 빨리 성장하는 회사'라는 도전적인 목표로 스피드 경영에 나섰다. 그러나 이를 달성하는 과정에서 '가장 빠른'에 집착한 CEO 길 마틴이 안전성 검증이 덜된 관절염 치료제의 무리한 출시를 오판한 경영진의 말에 넘어가고 말았다. 스피드 자체가 목적이 되자 고객 가치보다 더 중요시되었다. 결국 이들에게 되돌아온 것은 제품 부작용으로 인한 대규모 리콜 사태와 소송에 따른 금전적 손해, 그리고 기업 이미지의 막대한 훼손이었다.

셋째, 전략적인 속도에 초점을 맞춘다. 업무 처리 시간이나 생산 주기 단축은 운영의 속도를 높이는 것이다. 반면 전략적 속도는 가치를 생산하고 전달하는 스피드다. 빠르게 하는 것이 마땅할 때는 빠르게, 느리게 해야 할 때는 느리게 하는 것이다. 전략적 속도를 높여야 하는 것은 보통 '급하지 않으면서 중요한 것'인 경우가 많다. 근본적이고 본질적인 것은 겉으로 잘 드러나지 않는 법이다.

완벽의 완벽을 추구한다

    우리나라 근현대사에서 독한 리더를 꼽을 때 가장 먼저 떠오르는 인물로 안중근 의사가 있다. 1909년 10월 26일, 안중근 의사는 만주 하얼빈역에서 조국의 국권 회복을 위해 서른 살 나이에 목숨을 초개와 같이 여기고 이토 히로부미 사살했다. 안중근 의사의 거사는 당시 항일 독립투쟁에 나선 독립군은 물론이고 우리 동포 모두에게 독립의지를 고양시켰음은 물론, 나아가 5억 명이 넘는 중국 국민들에까지 항일 투쟁 의지를 고무시켜준 최고의 독한 리더십이 아닐 수 없다.

완벽에 완벽을 기하다

안중근 의사에 대한 당시 취조 및 공판 기록과 자서전 등을 꼼꼼히 분석한 도올 김용옥 교수에 따르면, 안중근 의사는 이토 히로부미를 반드시 죽이기 위해 그야말로 완벽에 완벽을 기했다. 거사를 위해 준비한 7연발 벨기에제 브라우닝 반자동 권총에 들어가는 탄알 앞부분에는 십자 형태로 홈을 내어 몸에 박혔을 때 더 치명타가 되도록 했다. 거사 직전 이토 히로부미를 향해 다가갔지만 앞에서 타격하면 피할 수도 있다는 생각에 기차에서 내린 이토 히로부미가 자신의 앞을 지나가는 순간까지 침착하게 기다렸다가 옆면을 향해 총을 겨누었다. 젊은 시절 포수들과 어울리며 익힌 사냥 경험에서 우러나온 판단이었다. 그리고 머리보다 명중 확률이 높은 몸통을 노려 침착하게 세 발을 쏘았다.

안중근 의사의 완벽 추구는 팔을 관통하여 옆구리에 정확히 세 발을 맞은 이토 히로부미가 쓰러진 이후에 더욱 극명하게 드러난다. 당시는 정보가 부족했던 터라 안중근 의사는 히로부미의 얼굴을 알지 못했다. 기차에서 내린 무리 가운데 호위를 받는 사람을 쏘았지만, 안중근 의사는 "혹시 쓰러진 이가 이토 히로부미가 아니라면?"이란 생각이 순간적으로 머리를 스쳤다. 그는 즉시 다시 권총을 쓰러진 이토 히로부미 주변의 세 명을 향해 겨누어 정확히 한 발씩 발사했고, 마지막 일곱 번째 탄알이 불발되고 나서야 러시아 헌병에게 검거되었다.

황해도 해주에서 안중근 의사를 처음 만났던 백범 김구 선생은 "귀신같은 사격 솜씨"로 첫 인상을 《백범일지》에 기록할 정도로 안중근 의사의 사격 솜씨는 뛰어났다. 그런 실력임에도 그는 목표를 이루기 위해 마지막 순간까지도 완벽에 완벽을 기했다. 더군다나 안중근 의사는 자신의 실패에 대비해 다음 역에서 우덕순 등의 동지들이 거사할 수 있는 계획까지 마련해둔 상태였다. 국내외 수많은 독립운동가에 영향을 주고 중국과 세계를 놀라게 한 민족적 거사가 성공할 수 있었던 데에는 최고의 완벽을 기했던 안중근 의사의 독함이 있었던 것이다.

영화 〈아바타〉의 감독 제임스 카메론은 함께 일해 본 스태프들이 혀를 내두를 정도로 소문난 독한 리더다. 그 역시 작품의 완벽성 추구에는 추호도 양보가 없다. 〈타이타닉〉을 뛰어넘어 사상 최고의 흥행을 기록한 영화 〈아바타〉 역시 그런 완벽 추구가 만들어 낸 성공이었다.

어릴 적부터 카메론이 매료된 취미는 스쿠버다이빙이었다. 그는 40여 년 동안 3,000시간 넘게 바닷속에서 목격한 놀라운 생명체들과 신비한 환경들을 완벽하게 영화 속에서 구현하고 싶은 마음이 끊이지 않았다고 한다. 그러나 당시 영화 기술로는 먼 미래의 일이었다.

〈터미네이터〉나 〈에일리언〉 등의 제작을 통해 영화에 적용하는 컴퓨터그래픽CG 기술을 발전시킨 카메론은 드디어 1995년 영화 〈아바타〉의 시나리오를 완성했다. 그는 〈아바타〉에서 비주얼 효과와 CG 효과의 한계를 완벽하게 뛰어넘어 인간의 감정을 가진 사실적인 캐릭터를 구현하고 싶었다. 주요 캐릭터들이나 배경 역시 100퍼센트 CG로 만들기를 원했다. 그러나 결국 한계에 부딪혔다. 처음부터 끝까지 CG로 영화 〈아바타〉를 제대로 구현해내기엔 여전히 기술이 부족했던 것이다. 카메론 감독은 자신이 생각했던 기술이 나올 때까지 기다리기로 결정한다. 그리고 10년이 지나서야 결국 자신이 바닷속에서 느꼈던 그림들을 〈아바타〉에 나오는 행성 '판도라'에 실물처럼 구현해냈다.

영화 〈타이타닉〉에 나오는 타이타닉 호는 내·외부 구조나 장식까지 완벽하게 재현해 냈다는 찬사를 들었다. 이런 찬사도 카메론 감독 자신이 직접 타이타닉 호를 봐야 직성이 풀리는 완벽주의자였기에 들 수 있었다. 그는 러시아 잠수정을 타고 북대서양 해저 2.5마일까지 내려가 근 100여 년간 잠들어 있던 타이타닉 호를 사상 처음 육안으로 확인하고 나서야 영화를 완성했다. 선체 내부까지 샅샅이 탐사하기 위해 로봇 기술까지 개발까지 했을 정도다.

"혼을 빼놓을 만큼 뛰어난insanely great" 제품을 항상 주창했던 스티브 잡스도 사소한 것 하나까지 편집증적인 완벽을 기하는 전형적인 독한 리더다. 자신이 관심을 쏟는 제품과 관련된 개발자의 이메일 주소나 전화번호는 전부 암기하고 있었고, 아이디어가 떠오를 때면 한밤중이라도 수시로 전화하곤 했다.

스티브 잡스의 완벽 추구는 제품 출시 프레젠테이션에서 가장 잘 드러난다. 그는 프레젠테이션을 행하는 홀의 색조, 조명 밝기 등 사소해 보이는 것까지 맘에 들 때까지 수십 번이나 반복해서 고쳤다. 자신의 어투나 발걸음도 며칠 전부터 수십 번 연습했으며, 문구 하나를 고치는 데에도 며칠을 소비했다. 바지 주머니에서 아이폰을 꺼내는 타이밍이나 소파에 기대 다리를 꼬고 편하게 앉아 아이패드를 조작하는 자세도 사실은 제품의 메시지를 가장 효과적으로 전달하기 위해 고안해낸 결과였다.

잡스는 완벽에 대한 자부심도 대단했다. 매킨토시 컴퓨터의 내부 회로기판 뒷면에는 개발팀 멤버 45명의 서명이 음각으로 새겨져 있다. 아무도 보지 않는 곳에 남긴 서명이지만 잡스는 이를 통해 매킨토시 개발팀원들에게 예술 작품을 완성한 것과 같은 자긍심을 갖도록 한 것이다. 심지어 매킨토시의 케이스는 일반 드라이버로는 열리지도 않게 만들어져 있다. 그만큼 완벽한 제품이라는 자부심을 드러낸 것이다.

확인하고 또 확인하라

독한 리더의 완벽 추구는 일반적인 완벽주의와 구별되어야 한다. 완벽을 추구한다는 것은 징그러울 정도로 반복하여 완벽해지고자 노력하는 것이다. 반면 지나치게 재고 고민만 하는 완벽주의는 빠른 실행을 발목 잡는다. 준비에 지나치게 치중하는 완벽주의야말로 오히려 독한 리더십이 가장 경계해야 할 대상이다.

빌 게이츠는 독한 리더십이 가져야 할 완벽 추구가 어떤 것인지 잘 보여준다. 창업 초기, 스티브 발머가 회사 성장 전망과 위협 요소를 면밀히 계산하여 최소한 17명의 인재를 영입해야 한다는 제안을 한 적이 있다. 게이츠는 이 제안에 이렇게 답했다.

"열일곱 명이라고요? 말도 안 되는 소리요. 난 결코 회사가 재정적 어려움에 놓이지 않게 할 것입니다. 앞으로 단 한 푼의 매출 없이도 1년은 버틸 수 있도록 현금을 확보해나갈 겁니다."

재정적인 어려움이 회사의 혁신을 위협하지 않도록 완벽한 경영을 하겠다는 의지의 표현이다. 동시에 미래 예측과 위협 요소 발견을 위해 전문가 17명이나 써야 할 정도의 조직으로는 절대 만들지 않겠다는 단호함이 묻어나는 말이다.

일본의 서비스기업 무사시노의 CEO인 고야마 노보루가 말하는 소통에 대한 신념에서도 그의 완벽 추구를 엿볼 수 있다. 그는 이렇게 말했다. "자신의 생각과 방침을 전달할 때 '한 번 말했으니 알아들었겠지'라고 생각하는 사장이 있다면 그야말로 형편없는 리더다. 직원들은 한 번 들은 것으로는 이해하지 못한다. 한 번 듣고 이해해서 사장의 결정을 충실하게 실행하는 직원이 있다면 그게 오히려 이상한 일이다. 그런데도 이 사실을 깨닫지 못하고 있는 리더들이 많다." 노보루는 언제나 확인하고 확인한다. 열의 하나라도 몰랐거나 잊었던 직원이 확인할 수 있다면 자신이 받는 비난쯤은 아무것도 아니라는 것이다.

잭 웰치의 소통 철학도 비슷하다. 그는 조직의 원활한 소통에 대한 책임의 90퍼센트는 리더에 있고, 리더가 얼마나 노력하느냐에 따라 소통의 수준이 결정된다고 믿었다. 그는 "10번 이상 이야기하지 않은 것은 한 번도 이야기하지 않은 것과 같다"라고 말하며 '한번 말했으면 알아들어야 할 거 아냐!'라고 소리치는 리더에 대해 소통 점수 0점을 매긴다. 독한 리더일수록 완벽한 상호 소통을 위해 반복해서 조직의 목표와 자신의 비전을 설파하고 다닌다. 자꾸 반복해서 말하는 소통을 간섭이나 잔소리로 생각한다면 점잖은 리더는 될 수 있을지언정 독한 리더는 되기 어렵다.

코넬대학교의 켄 블랜차드는 저서인 《칭찬은 고래도 춤추게 한다》에서 일을 맡기고 어떻게 하나 팔짱을 끼고 지켜보다가 그동안 발견한 실수와 허점을 지적하는 관리 방식을 '뒤통수치기'라고 말하며 최악의 리더십이라고까지 묘사한다. 뒤통수치는 리더가 되지 않으려면 일관된 관심을 보여주어야 한다. 업무 수행 과정에서 자율성을 해치지 않으면서도 팀원과 책임감을 공유하되 끊임없는 관심으로 적절한 임파워먼트를 해주는 고도의 절제 기술이 바로 자율이다.

과정이 주는 가치를 높이 산다

　미국 애리조나 주의 그랜드 캐년은 록키 산맥의 물줄기가 20억 년 동안 침식해 만든 길이 447킬로미터, 너비 6~40킬로미터, 깊이 1.5킬로미터에 달하는 웅장한 협곡이다. 직접 협곡의 끝에서 장엄한 광경을 바라보면 인간이 얼마나 작고 미약한 존재인지 느껴져 새삼 겸손한 마음이 들기까지 한다. 이처럼 위대한 자연이 큰 감동을 주는 것은 현재의 모습보다 그 여정 때문이다. 물에 의한 침식이라는 작은 변화가 엄청난 세월 동안 축적되어 거대한 자연을 변화시킨 위대한 여정은 제한된 인간의 감각과 이성으로 감히 짐작만 할 뿐이다.

확신으로 과정을 버텨라

자연의 위대함에 비할 바는 아니지만 독한 리더십 역시 징그러울 정도로 꾸준함과 진득함이 있는 과정이다. '깜짝쇼'와 같은 방식으로는 이룰 수 없는 결과다. 독한 리더로 인정받는 이들을 살펴보면 과정에서 발생하는 일시적인 어려움쯤은 전혀 개의치 않으며 미래에 대한 자신감으로 가득 차 있다.

아마존의 CEO 제프 베조스는 1997년 〈뉴욕타임즈〉와의 인터뷰에서 기자가 실적 부진을 거론하자, "네, 우리는 지금 이익을 못 내고 있어요. 그렇지만 지금 같은 초기 단계에 이익을 내기 위한 사업적 결정을 하는 것만큼 어리석은 것은 없지요"라며 자신감을 피력했다. 자신의 장기 계획에 대한 확신으로 가득했기에 당장의 실적 부진을 전혀 감추려 하지 않았다. 2000년 인터넷 사업의 거품이 꺼지면서 아마존의 주가는 주당 100달러에서 6달러로 수직 추락했다. 한때 100억 달러에 육박하던 그의 재산도 2002년에는 15억 달러로 줄었다. 그러나 베조스는 여전히 "단기간의 주가 변동에는 관심 없다. 고객에게 집중하자"라고 직원들 독려했다.

아마존이 인터넷 서점이라는 새로운 시장을 개척하자 반스앤노블스나 보더스 같은 오프라인 서점의 선두주자들도 앞다투어 온라인 서점을 개설하며 경쟁이 불붙었다. 그러나 기존 관습에서 쉽게 빠져나오지 못한 오프라인 서점이 새로운 온라인 시장에서 혁신 마인드로 무장된 아마존을 이기기는 어려웠다.

2001년 경쟁업체 보더스가 백기를 들고 브랜드 공유 협력을 제안할 때 제프 베조스는 "이 승리는 더 뛰어난 고객 서비스를 제공해야 한다는 시장의 메시지입니다"라고 말하며 전진을 멈추지 않았다. 같은 해, 99달러 이상 주문 시 무료배송 서비스를 시작했을 때, 일주일 만에 강력한 경쟁자 반스앤노블과 출혈 경쟁에 내몰린 적이 있다. 월가에선 아마존이 위기에 봉착할 것이란 생각이 지배적이었다. 당기순이익이 곤두박질할 것이 불을 보듯 뻔한 상황이었지만 베조스는 2002년 6월에 49달러 이상 주문으로, 2002년 8월에는 다시 25달러 이상까지로 무료 배송을 확대했다. 그가 집요하게 매달린 것은 경쟁사를 이기는 결과가 아니었다. 아마존이 경쟁사보다 고객을 위해 끊임없이 가격을 내리고자 노력한다는 인식의 확산이었다. "지금의 뼈를 깎는 노력은 길게 보면 우리를 더욱 강하고 가치 있는 기업으로 거듭나게 할 것입니다"라고 외치며 금전적 이해와 상관없이 고객 가치를 향한 과정에 매진했다. 확신에 찬 베조스의 말은 결국 현실이 되었다.

작은 납품회사에서 출발하여 소형모터 업계에서는 세계 최고의 기업이 된 일본전산의 나가모리 시게노부 사장은 순간순간의 집중을 최고의 가치로 여긴다. 그는 성공 비결을 '배倍의 법칙'과 '절반의 법칙'으로 설명한다. 간단히 말해 남보다 앞서려면 무조건 두 배 오래 일하고, 절반의 기간 내에 목표를 달성하는 것 외에는 방법이 없다는 것이다. 정신 노동이든 육체 노동이든 남들보다 시간과 노력을 두 배 들이면 누구든 이길 수 있다는 것이 그의 지론이다.

창업 당시 열악한 조건에서 살아남아야 했던 나가모리 시게노부 사장과 동료들은 일반적 근로시간의 두 배인 하루 16시간 일하는 것을 기본으로 삼았다. 하루는 대기업 연구소에서 모터 크기를 3개월 안에 절반으로 줄이면 거래를 하겠다는 제안을 받고, 모든 직원이 밤낮으로 씨름했지만 납기 15일을 남겨놓은 시점에서 겨우 15퍼센트 정도 줄이는 데 그치고 만다. 경과 보고를 하러 간 나가모리 시게노부 사장은 같은 주문을 받았던 예닐곱

군데의 대기업들이 너무 어려워 다 포기했다는 사실을 눈치 채고는 그대로 돌아와 밤을 새워 더 노력했다. 그러나 아무리 노력을 쏟아 부었지만, 결국 18퍼센트 정도 줄이는 데 그치고 만다. 나가모리 시게노부 사장 일행은 의기소침했지만 직원들 모두 밤을 새워 노력한 과정에서 많은 기술과 경험을 익혔고, 동료 간의 정도 돈독해졌기에 만족했다. 다만 약속을 지키지 못한 것을 사과하러 가기로 했다. 그런데, 최종 제품을 받아본 대기업연구소 책임자의 눈이 휘둥그레졌다. 아무도 그 정도의 성과를 거둔 회사가 없었기 때문이었다. 그러고는 3개월 만에 18퍼센트나 줄인 것 자체가 기적이라며 그 즉시 발주를 했다.

이런 경험 때문에 나가모리 시게노부 사장은 목표를 이루기 위한 과정을 중시한다. 남들이 이해하기 어려울 정도로 혼신의 힘을 쏟아 붓는 과정에 진정한 가치가 있으며 최선을 다한 과정은 반드시 성과를 준다고 믿는 것이다.

꾸준히, 진득하게

구글을 이끌고 있는 다정다감한 성격의 두 젊은 리더 세르게이 브린과 래리 페이지는 조직을 이끄는 데 있어 "바르지 않은 일은 절대로 하지 않는다Don't Be Evil"라는 다소 평범해 보이지만 숭고한 가치를 변함없이 실천한다. 사업의 성공은 결과보다 그 과정이 더 중요하다고 믿기 때문이다. 많은 포탈 업체들이 상업적인 동기를 가지고 검색 결과를 편집하여 구성하는 것을 대수롭지 않게 여기는 현실을 생각해보면, 절대로 단기적인 이익을 위해 검색순위를 편집 혹은 조작하지 않는 원칙을 고수하는 것이 얼마나 독한 것인지 알 수 있다.

짐 콜린스에 따르면 성공한 기업의 리더들은 탁월한 비전 제시나 위기 관리에 능한 사람이 아니라고 한다. 오히려 아주 실증적이며 어떤 환경에도 요동함 없이 자기 길을 묵묵히 가는 절제된 사람들이라는 것이다. 아무리 천재적인 재능과 두뇌를 가졌어도 소위 한탕을 노리거나 감에만 의존해서는 조직을 지속적으로 성장시키기 어렵다. 꾸준하고 진득할 때, 한번 정한 목표는 달성할 때까지 끈질기게, 그리고 요행을 바라거나 도중에 힘들다고 포기하지 않고 달라붙을 때 부하들은 리더를 따른다.

중요한 것을 포기한다

손자는 병법서에서 "모든 곳을 지키면 모든 곳이 약해진다^{無所不備 卽無所不寡}"라고 말했다. 모든 곳을 공격해서는 절대로 이길 수 없다는 의미기도 하다. 즉, 선택과 집중 전략 없이는 전투에서 승리하기 어렵다는 것이다. 더 효과적인 수비, 더 강력한 공격을 하려면 집중이 필요하고 집중은 반드시 전략적 포기를 필요로 한다. 이처럼 '선택과 집중'은 원래 전쟁에서 적은 수로 많은 수를 상대할 때 사용하는 일종의 포기 전술이다. 그리고 자신보다 강한 적들이 득실대는 현대의 비즈니스 전장에 꼭 필요한 전략인 이유가 바로 이것이다.

독한 리더는 포기도 잘한다

대부분의 리더들은 잘하는 것, 잘해야 하는 것, 꼭 해야 하는 것에는 집중할 줄 안다. 그런데 더 중요한 것은 그중에서도 정말 중요한 것을 가려내고 다른 중요한 것들을 포기할 줄 알아야 한다는 점이다. 잭 웰치가 세계시장에서 1위 혹은 2위를 하는 사업만 선택하고 이에 집중하기 위해 나머지를 모두 포기했을 때, 결국 GE를 글로벌 최고의 기업으로 다시 회복시켰음은 잘 알려진 선택과 집중의 산 교훈이다.

사실, 비즈니스 역사상 가장 빛나는 포기를 보여준 리더는 인텔의 앤디 그로브다. 인텔은 1970년대 미국 실리콘 밸리의 총아였다. 컴퓨터 메모리칩 시장의 80퍼센트 이상을 석권하고 있던 탁월한 첨단 그룹이었기에 거의 모든 인력과 생산 시설은 메모리칩을 위한 것이었다. 따라서 메모리칩이 아닌 다른 아이템으로 전환한다는 것은 생각도 할 수 없는 일이었다. 그러나 앤디 그로브는 거대한 도전을 감지하기 시작했다. 일본에서 인텔의 제품만큼 질 좋은 제품들이 훨씬 싼 가격에 들어오기 시작한 것이다. 1984년에 이르러서는 도저히 일본 업체들의 가격 공세를 견뎌낼 수 없는 정도에까지 이르렀다.

  이때 앤디 그로브는 인텔의 창립자 중 한 사람인 고든 무어와 깊은 고민에 빠졌다. 그리고 마침내 인텔의 주종 아이템인 메모리칩을 포기하고 완전히 새로운 마이크로프로세서를 디자인하자는 엄청난 결단을 내렸다. 고통스런 결정이었지만, 이 결정은 결과적으로 인텔이라는 거대한 항공모함을 침몰 직전에 구원한 전환점이 되었다.

  인텔은 기존의 연구 시설과 공장들을 폐쇄하거나 대폭 개조에 들어갔다. 동시에, 회사의 최고급 인력을 새 기술인 마이크로프로세서 개발에 투입했다. 이 과정에서 인텔의 최고 간부들 중 절반이 다른 부서로 재배치되거나 회사를 떠나야 했다. 앤디 그로브는 자신부터 발벗고 나서서 모범을 보였다. 그는 다시 학교로 돌아가, 1980년대의 새로운 기술인 마이크로프로세서와 소프트웨어의 기본 원리를 공부했다. 훨씬 젊은 직원들에게도 서슴지 않고 가르쳐달라고 해서 배웠다. 결국 앤디 그로브의 독한 리더십은 열매를 맺었다. 오늘날 인텔은 마이크로프로세서 시장의 약 90퍼센트의 점유율을 자랑하는 실리콘밸리의 총아로 다시

금 우뚝 서 있다.

  중요하지 않은 것을 포기하는 것은 누구나 할 수 있다. 그러나 중요한 것도 포기할 수 있어야 진정 독한 리더다. 온라인 신발 판매 기업 재포스의 CEO 토니 셰이는 반품배송비라는 '중요한' 이익을 포기함으로써 고객 신뢰라는 '더 중요한' 이익을 얻었다. 품질에 대한 고객 신뢰가 쌓이면서 단골 고객이 늘어가고 이들의 입소문으로 회사는 비약적인 성장을 했다.

  아마존을 창업하면서 제프 베조스에게 가장 중요한 것은 고객이 직원과의 상호 작용이 거의 없는, 그러면서도 가장 완벽한 도서 구매 경험을 할 수 있는 온라인 서점이었다. 그에게 자신의 목표를 이루기 위해 가장 중요한 것은 데이터관리 시스템과 물류 창고였다. 그 외에는 아무리 중요해도 '덜' 중요한 것이었다. 특히 베조스는 '구성원들에게 존경받는 것'은 중요하지 않았다. 질 높은 고객 대응을 위해 인건비가 높은 석사 학위 소지자들을 상담직에 채용한 것은 당연했지만, 사실 그들에게 자율과 창의를 배려하는 일은 우선순위에서 밀려날 수 밖에 없었다. 베조스의 전기 《원클릭》의 저자 리처드 브랜트는 베조스를 '모든 우선순위를 사업에 두는 전형적 리더'라고 평가했다. 베조스는 몇 번을 수리하여 사용하는 직원들의 낡은 나무 책상에 관심이 없었다. 그가 평가 방식에 대한 직원들의 불만을 잘 이해하지 못한다는 비난을 받는 것은 어쩌면 당연했다.

잡스도 남들에게 어떻게 비쳐지는지 따위는 안중에 없었다. 맘에 들지 않는 프레젠테이션쯤은 언제든 중단시켰고, 자신의 소중한 시간을 낭비하게 만들었다며 화를 내곤 했다. 잡스는 '반지름 10미터 밖의 사람들에겐 열정과 희망을 주었지만 반지름 5미터 이내에 들어온 직원들에게는 공포심을 불러일으켰던' 리더다. 기대 수준에 맞는 '깨달은 사람' 아니면 '멍청한 놈'으로 이분화된 직원들은 잡스로부터 '최고'라고 인정받거나 아니면 완전히 '쓰레기' 취급을 당하거나 둘 중의 하나였다. 아이디어를 성과로 연결시키는 것만이 그에게 유일한 '더 중요한' 것이었기 때문이다.

인터넷이라는 새로운 흐름을 감지한 1994년, 빌 게이츠는 1년에 한 번 갖는 자신의 '생각 주간'에 온통 인터넷에 몰입한다. 그리고 회사의 핵심 브레인들로 이루어진 팀을 구성하여 다가올 위협을 분석했다. 한 달 이상 지속된 토론과 분석 끝에 인터넷은 사업 환경의 근간을 흔드는 변화이며 기회이고 위협이므로 마이크로소프트는 변화의 물결을 적극적으로 끌어안아야 한다는 결론을 내렸다.

이어 게이츠는 전 세계 윈도우 OS 시장을 장악한 '인터넷 익스플로러' 개발을 위해 당시 500명의 프로그래머로 이루어진 조직을 구성하여 회사의 역량을 집중했다. 이런 조치는 당시 수익을 내고 있던 사업의 R&D를 희생해야 할 결단이었다. 마이크로소프트가 인터넷이라는 거대한 흐름에 순항할 수 있었던 것도, 1994년 당시 독한 포기의 결단이 거함의 방향을 단번에 180도 바꿀 수 있었기 때문이다.

포기해야 할 때 포기하지 않으면 기업 전체가 위기에 처한다. 샐러리맨 신화를 창조했던 웅진의 윤석금 회장은 성공 가도를 달려온 자신감으로 다각화 전략을 주도했지만 결국 주저앉고 말았다. 여러 가지 이유가 있었겠으나 대체적으로 '선택과 집중'이나 '전략적 포기'에 좀더 독하게 실행하지 못했기 때문이라는 것이 지배적인 평가다. 리더의 전략적 포기는 기업의 생존과도 직결된다 하겠다.

버림의 진수를 노려라

파나소닉은 LCD와 PDP가 평판 TV의 표준 전쟁을 치열하게 벌일 때, 시장의 대세가 이미 LCD 중심으로 기울어져 있음이 명백한 상황에서도 자신이 보유한 PDP 기술의 상대적 우위를 포기하지 못했다. 결국 사상 최대의 PDP공장을 짓는 등 투자에 나섰다가 회사 존폐의 기로에 놓이고 말았다. 엔고와 가격경쟁력, 기술경쟁력 저하로 2011~2012년의 2년 동안 해마다 각각 우리 돈 10조 원이 넘는 적자를 기록할 정도로 파나소닉은 위기 중의 위기다. 이 2년간의 적자액은 마쓰시다 시절부터 지난 20년간 벌어들였던 회사의 순이익 전체 규모와 맞먹는 금액이다. 심지어 파나소닉의 주가는 37년 전 수준으로 곤두박질쳤다. 2012년 취임한 CEO 쓰가 가츠히로는 언론 앞에서 스스로 디지털 가전시장에서 패배자가 되었다고 인정할 수 밖에 없었다.

같은 시기 일본의 히타치제작소日立製作所(이하 히타치)는 파나소닉과 달리 위기에서 기사회생하는 행보를 보여주었다. 1980년대까지 반도체·가전제품으로 세계시장을 평정했던 히타치는 1949년부터 50년간 단 한 번도 적자를 내지 않을 정도로 일본 최고의 블루칩이었다. 그러나 급변하는 IT 환경에 늑장 대응하면서 2006년부터 4년 연속 적자라는 최악 상황에 내몰리고 만다. 2008년에는 10조원이 넘는 일본 제조 기업을 통틀어 사상 최대 적자를 내고 말았다.

침몰하던 히타치는 니카니시 히로아키가 CEO로 취임하면서 최근 2년 연속 20년 만에 최대 흑자를 경신하며 '턴어라운드'에 성공했다. 2013년에도 20년 만에 사상 최대 흑자 기록을 2년 연속 갈아치움으로써 세간의 주목을 끌고 있다. 최근 히타치의 선전은 일본 기업들의 부진과 침체 속에서, 흙 속의 진주처럼 빛나고 있다.

이런 히타치 호의 순항에도 리더 니카시니 히로아키의 과감한 '포기' 전략이 있었다. 히로아키 사장은 잘할 수 있는 것, 또는 잘해야 하는 것과 그렇지 않은 것을 조직의 역량과 산업의 흐름 속에서 꿰뚫어보았을 뿐만 아니라 모두 과감히 실행했다. 히타치는 최근 10여 년 동안 반도체, 디스플레이, PC와 TV 사업을 모두 포기했다. 이런 '버림'의 전략은 작년 3월 히타치가 미국 웨스턴디지털WD에 하드디스크드라이브HDD 전문기업인 '히타치 글로벌 스토리지 테크놀로지스HGST' 매각에서 가장 잘 드러났다. 2003년 히타치가 IBM의 HDD 사업을 20억5,000만 달러에 사들여 세운 HGST는 직원만 4만 명이 넘는 글로벌 기업이었다. HGST는 2003년부터 연속 적자를 내다가 2008년부터 흑자로 돌아섰다. 2005년 히로아키가 사장을 맡고 있을 때 경영진 교체와 경쟁사 인력 영입, 생산 효율 개선 같은 노력을 벌인 덕분이다. 흥미로운 것은 매년 이익을 내는 알짜 기업인데도 48억 달러를 받고 매각을 결행했다는 점이다. 히로아키 사장은 "HGST는 히타치의 중장기 핵심 사업에 포함되지 않기 때문이다. 가치 있을 때 빨리 매각하는 게 우선이다"라고 말했다.

히로아키 사장의 포기는 '버림의 진수'라는 호평을 받는다. 예컨대 TV 사업도 개발 기능만 갖고 관련 기술을 중국·터키 등에 로열티를 받고 수출했다. 2013년 8월에는 기후현의 TV 생산을 중단해 일본 내 56년 TV 생산에 종지부를 찍었다. 이외에 엘피다메모리의 보유 주식 방출, 카시오와의 휴대단말기 사업 통합, 오므론OMRON과의 ATM 등 정보기기사업 합병 등으로 사업 합리화에 역량을 쏟고 있다. 히타치는 2013년 5월 발표한 '중기 경영 계획'에서 글로벌화·융합·환경을 키워드로 '사회 이노베이션' 사업을 미래 성장사업으로 키우겠다고 천명했다. 인프라 시스템, 전력 시스템, 정보통신, 철도 시스템, 도시개발, 오토모티브 시스템, 컨슈머 사업을 7대 핵심 사업으로 정했다. 특히 신흥국의 철도·전력시스템 등 사회 인프라사업의 경쟁력 확대에 집중하고 있다.

개성공단 북한 근로자들에게 최고의 히트 아이템으로 등극한 제품은 다름아닌 오리온 초코파이다. 오리온 그룹의 주력 업종은 1956년 창업 이래 초코파이를 생산하는 제과업이다. 건설, 엔터테인먼트 등의 업종에도 사업 영역이 있었지만 최근 다시 제과업을 중심으로 사업을 재편했다. 미디어사업과 주류사업 등을 최근에 매각하는 대신 제과사업은 중국, 러시아 등을 중심으로 해외 진출을 활발히 모색하고 있다. 이런 선택과 집중, 전략적 포기는 이미 어느 정도 결실을 맺고 있다. 오리온 제과는 초코파이의 인기에 힘입어 전자, 자동차 그룹이나 가능한 것으로 여겨졌던 중국 시장 매출 1조 원을 달성했다. 모두를 놀라게 한 오리온의 성과는 선택과 집중이 얼마나 중요한 사업 전술인지 잘 보여준다.

독하게 인재를 키운다

    일본 건설업계에는 최근 주목 받는 기업 헤이세이^{平成}건설이 있다. 1989년 설립된 일본의 헤이세이건설은 20년이 넘도록 단 한 번도 적자를 낸 적 없이 성장을 이어가는 기업이다. 일본 전체 도산 기업의 30퍼센트가 건설회사이고 최근 불황이 반복되고 있음에 비추어보면 주목할 만한 성과다. 최근 몇 년간은 입사 선호도에서 굴지의 대기업과 어깨를 나란히 하며 종합건설회사 부문 10위권 내를 유지하고 있다. 헤이세이건설의 성공 원인을 추적한 책《사표를 내지 않는 회사》에서 저자는 그 비결을 경영자의 남다른 인재 육성 태도로 꼽는다.

독하게 키워라

대대로 목수였던 집안에서 태어난 아키모토 히사오 사장은 주택 건설의 종합예술가인 목수가 홀대받고, 젊은 목수가 없어지는 것을 보고 이래선 안 되겠다는 굳은 신념으로, 다니던 회사를 그만두고 가업을 이어받아 헤이세이건설을 창업했다. 그리고 그는 과감하게도 아웃소싱이라는 업계의 기존 관행을 깨고 모든 건설업 공정을 내재화시켰다. 이를 위해 대졸 엘리트를 정규직 목수로 채용하여 일을 처음부터 현장에서 배우게 하는 독특한 경영방식을 고수했다. '돈을 남기면 하수, 업적을 남기면 중수, 사람을 남기면 고수'라는 확고한 신념으로 10년 이상, 길게는 20년을 투자하여 최고의 목수를 공들여 키워내고 있는 것이다.

헤이세이건설이 성공할 수 있었던 데에는 자신의 일을 최고의 엘리트 직무로 인식하고 모든 공정에 대해 무한 책임을 느끼며 집을 짓는 정규직 목수들이 있었기 때문이다. 같은 재료, 같은 공법을 사용해도 헤이세이건설이 더 좋은 주택, 더 큰 고객 감동을 이끌어내는 결과는 너무나도 당연했다. 아무리 건설 기술과 실력이 뛰어나다 해도 하청에 재하청으로 이어지는 업무 구조에서는 효율과 비용절감을 우선할 수밖에 없다. 자신이 짓는 집에 대한 애착보다 언제 잘릴지 모르는 불안감과 낮은 대우로 힘들어하는 계약직 목수들에게 최고의 주택을 기대하는 것은 애당초 불가능했다.

이와 달리 혼을 실어 예술작품을 만드는 정신으로 임하는 헤이세이 목수들은 다른 회사와는 전혀 다른 집, 이전에는 볼 수 없었던 아름답고 튼튼한 집들이 지어냈다. 그리고 헤이세이건설 역시 다른 건설 회사와 전혀 다른 회사로 평판을 얻기 시작했다. 부침이 심한 건설업계에서 전국에서 우수 대졸사원들이 헤이세이건설로 몰려들고 있다. 그리고 목수로 성공하고자 하는 신념이 강한 사람들을 채용에서부터 선별하고 이들을 강도 높게 조련하여 주택 건설의 총지휘관으로 키우는 헤이세이건설의 독한 육성이 큰 열매를 맺고 있다.

헤이세이건설의 아키모토 히사오 사장은 목수 집안 출신이라 인재 육성을 단순히 직원 교육으로 보지 않았다. 그가 20년을 내다보는 안목으로 인재를 키울 수 있었던 데에는 일본의 문화를 잇는다는 소명의식이 있었다. 이처럼 독한 리더는 인재 육성에서 남다른 장기 안목을 보여준다. 당장의 손해보다 더 중요한 조직의 미래를 바라본다.

조기에 찾아내어 믿고 맡긴다

독한 리더십의 남다른 인재 육성 철학은 '조기에' 발굴하여 '믿고 맡기는' 방식을 취한다는 점이다.

CEO의 사관학교라는 명예를 얻은 GE의 리더 육성 비결은 한마디로 좀더 조기부터 '일을 통해' 키우는 것이다. 제프리 이멜트는 2001년 44세의 나이로 거대기업 GE의 CEO가 되었다. 하버드 MBA를 마치고 25세에 GE에 입사한 이멜트가 일반적 경력 경로가 아닌 소위 '초고속 승진'을 거쳤기 때문에 가능했다. 즉, 처음부터 차기 경영자 후보로 선택되어 조직의 핵심 리더들이 직무 부여, 교육, 평가에 이르기까지 관여하며 육성시킨 것이다. 잭 웰치는 나이가 어려도 잠재력이 있다고 판단되는 인재에게는 중요하면서도 도전적인 과제를 과감하게 맡겼다. 그리고 성과를 내면 더 크고 어려운 직무를 맡겨 역량을 키우고 경험을 쌓게 했다. 그럼으로써 역량이 모자란 사람은 도태되지만 소수라도 조직을 맡길 만한 리더를 빨리 효과적으로 확보할 수 있는 것이다.

　인재 육성에서 GE와 함께 쌍벽을 이루는 기업으로 생활용품 회사 P&G가 있다. P&G는 아이보리, 타이드, 팬틴, 질레트, 프링글스 등 매출 10억 달러가 넘는 세계적 브랜드를 23개나 보유하고 있다. 브랜드 왕국답게 P&G에는 브랜드 매니저라는 직책이 있다. 조직의 사업부문 리더가 되려면 반드시 브랜드 매니저를 거쳐야 한다. P&G에서 브랜드 매니저로 성장하려면 인턴을 거쳐 마케팅 직군으로 입사해야 한다. 이때, 이미 인턴 시기에서부터 실무적인 프로젝트를 맡긴다. 그 결과를 토대로 정식 직원을 선발하며, 정식 직원이 되어서도 6개월 이내에 독자적인 프로젝트를 수행할 수 있도록 업무를 부여한다. 여기서 살아남는 사람만이 P&G의 핵심인 브랜드 매니저로 성장하는 것이다. 브랜드 매니저 직군에서는 성과가 저조하면 가차 없는 탈락하는 소위 '업오어아웃Up-or-out' 제도가 적용된다. 해고가 없는 기업으로 알려진 P&G이지만, 유독 차기 경영자를 키우는 브랜드매니저 직군만큼은 냉혹하리만큼 업오어아웃 제도를 엄격하게 적용한다.

　아메바 경영으로 잘 알려진 일본기업 교세라 역시 리더를 조기에 임명하고 일을 통해 육성하기는 마찬가지다. 아메바 경영이란 한마디로 조직의 가장 하부 단위에서부터 독립 채산제로 운영하는 조직 시스템인데, 생산 부문 최초 아메바의 경우 이르면 20대 후반을 리더로 선임하여 한 조직의 채산성을 책임지고 경영자처럼 일하게 한다. 최초 아메바를 잘 경영한 리더는 지체 없이 상위 아메바 리더로 승진하면서 경영자적 역량을 축적해간다. 이처럼 작더라도 조직의 손익을 책임지고 주도적으로 경영해보는 경험을 통해 리더를 더 빨리, 확실하게 키워나가는 것이다.

실수를 통해 배우게 한다

부하가 실수하거나 실패했을 때 보여주는 독한 리더의 태도는 그렇지 못한 리더와 극명하게 대비된다. GE의 잭 웰치는 플라스틱 부문의 관리자였을 당시, 공장 화재로 그때까지 쌓아올린 모든 경력이 물거품이 될 뻔한 적이 있었다. 해고의 불안으로 잔뜩 겁을 먹고 사고 경과를 보고하는 잭 웰치에게 상사는 "자네는 이번 사고에서 무엇을 배웠나?"라고 물었다고 한다. 그 상사가 책임을 몰아세우지 않자, 잭 웰치는 책임 회피에 신경 쓸 필요 없이 제대로 원인 파악을 하고 재발 방지 조치를 확실히 할 수 있었다. 이 경험이 이후 잭 웰치의 성장에 큰 밑거름이 된 것은 두말할 나위 없다. 상사의 남다른 태도 '차이'가 잭 웰치 개인은 물론 GE라는 큰 조직의 미래에 '다름'을 선사한 것이다.

'호통 경영'으로 유명한 일본전산의 나가모리 시게노부 사장이 눈물이 찔끔 나오도록 호통 치는 것은 언제나 작은 실수에 대해서다. 두 번 다시 동일한 실수를 반복하지 않도록 하기 위해서다. 반대로 엄청난 실수로 회사에 큰 손해를 입힌 직원에게는 오히려 등을 토닥인다.

일본전산 직원들이 직접 쓴 《도전의 길》이라는 책에는 1979년 당시 입사 3년차였던 핫토리 세이치 주임에 관한 이야기가 있다. 핫토리는 입사 후 뜨거운 열정으로 영업에 어느 정도 성과를 냈지만, 1980년 경험 부족 탓에 그가 개척한 거래선인 핸드 마사지 제조 회사의 부도로 모터 공급 대금 약 7,000만 엔을 날리게 되었다. 이로 인해 회사의 자금 사정이 악화되었고 핫토리 주임은 미안한 생각에 한숨도 잘 수 없었다. 그때, 핫토리 주임을 부른 시게노부 사장은 단 한마디로 상황을 정리했다. "자네, 이번 일로 공부 많이 했지? 공부했으면 됐다." 자책감에 빠져 있던 핫토리는 비로소 열심히 한 것에 대해서는 실패해도 호통 치지 않는 나가모리 사장의 진심과, 책임을 진다는 것이 무엇인지 깨닫고 절치부심했다. 얼마 후 핫토리는 도쿄지점장, 본사 영업부장을 거쳐 국내 영업을 총괄하는 이사 자리에 올랐다.

  나가모리 시게노부 사장은 단 한 번도 대놓고 자상하게 칭찬하고 격려한 적이 없지만, 그의 호통은 구성원들에게 자신이 리더에게 관심 받고 있다는 징표로 통용된다. 심지어 보고를 마치고 별 호통소리를 듣지 못하게 되면 의기소침해질 정도다. CEO가 자신의 일에 관심이 없다고 생각하기 때문이다.

독한 리더십
특강

구원투수에게
리더십을
배우다

 장기 불황으로 위기를 겪고 있는 글로벌 경영계의 최근 화두 가운데 하나는 'CEO 교체'다. 글로벌 컨설팅기업 '부즈앤컴퍼니' 조사에 따르면 2011년 한 해 동안 전 세계 2,500개 상장기업 가운데 355개 사가 CEO를 바꾸었다. 이는 2010년(11.6%)보다 크게 상승한 수치(14.2%)다. 조직의 위기에 등판하는 구원투수 CEO에게는 그야말로 독한 리더십이 요구된다. 조직이 어려움을 겪게 된 원인을 바로잡으려면 보통의 리더십으로는 어렵기 때문이다.

미국 최고^{最古} IT기업인 IBM에서 100년 역사상 첫 여성 CEO로 발탁된 버지니아 로메티가 임기를 채우지 못한 것을 비롯하여 미국 2대 모기지 기업 중 하나인 프레디맥의 도널드 레이턴, 세계 최대 방판 화장품업체인 에이본의 셰릴린 매코이, 시티그룹의 마이클 코뱃, 베스트바이의 위베르 졸리, 제약회사인 아스트라제네카의 파스칼 소리오 등이 CEO 교체의 대상이 되고 말았다. 7년 넘게 CEO로 재임하고 있던 인텔의 폴 오텔리니가 정년을 3년이나 남겨놓고 전격 사퇴를 선언하는가 하면, 미국 인터넷 기업 야후는 2008년 이후 4년 동안 5명의 CEO가 바뀌어 'CEO의 무덤'으로 불릴 정도다.

야후의 부활 날갯짓을 선도하고 있는 구원투수 CEO 마리사 메이어는 기존의 구원투수 CEO들보다 한층 독한 리더십으로 과감한 조치를 취하고 있어 기대를 모으고 있다. 〈포춘〉 500대 기업을 통틀어 최연소 CEO로, 구글 부사장 출신인 그는 적극적인 외부 인재 수혈, 부실사업 정리 및 복지 제도 개편 등에 더 독하게 임하고 있다. 미국 IT 전문매체 〈씨넷CNET〉에 따르면 메이어 CEO 취임 1년 만에 야후 사용자가 20퍼센트가량 증가했고, 월 방문자가 8억 명에 이를 정도다. 무엇보다 주가가 2배 이상 상승하여, 쓰러져가던 인터넷 기업을 그녀가 일으켜 세웠다는 평가다. 여기에는 재택근무를 금지하는 등 느슨했던 야후의 업무 분위기를 일신한 그녀의 독한 리더십이 바탕에 깔려 있다.

구원투수 리더는 얼마나 독한 리더십을 보여주느냐에 따라 성패가 좌우된다. 구원투수는 야구 경기에서 위기 시 등장하는 투수를 이르는 말이다. 구원투수는 위기라고 판단되는 순간에 실점을 막고 위기를 넘기기 위해 투입된다. 기업들이 위기 탈출을 위한 마지막 카드로 새로운 CEO를 영입하는 것과 비슷하다. 위기에 처한 기업은 작은 실패 하나에 조직의 존폐가 좌우될 정도로 일촉즉발의 상황에 놓인다. 새로 부임한 CEO는 실투 하나에 경기를 잃게 되는 구원투수의 운명과 비슷하다.

구원투수 리더의 성공 요건을 통해 위기에 처한 조직의 리더가 고려해야 할 점을 생각해보자.

분위기를 '확' 바꿔라

구원투수의 성공은 그야말로 경기 분위기를 '확' 바꾸는 데서 시작한다. 국내 프로야구 최고의 마무리 투수였던 선동렬 선수가 등판할 때면 수비수들은 조금 전까지도 느꼈던 불안감이 사라졌다고 한다. 분위기 반전이야말로 구원투수를 통해 노리는 가장 큰 효과다. 위기의 조직은 구성원들이 침체되어 있기에 분위기 반전이 무엇보다 절실하다.

2010년 9월 위기의 GM에 구원투수 CEO로 취임한 대니얼 애커슨은 자동차 사업에는 사실상 문외한이었다. 그러나 주변의 우려를 불식시키고 GM을 위기에서 구해내는 첨병 역할을 하고 있다. 애커슨이 가장 힘쓰는 일은 기존과 다른 조직 체질로 바꾸는 것이다. 그는 "열심히 일하지 않는 직원은 더 이상 GM에 남아 있을 수 없다. 더 이상 '관대한 GM$^{Generous\ GM}$'은 없다"라고 과거엔 GM에서 듣기 어려웠던 구호를 단호하게 외친다. 배터리 화재 가능성이 제기된 전기차 볼트에 대해 구매한 사람이 요구할 경우 차값 전액을 환불해주겠다고 선언한 것도 과거 GM의 행태로 볼 때 전혀 새로운 방식의 대응이었다.

미국의 카길 사는 1865년 미국 아이오와 주에서 시작된 세계 최대의 곡물 회사다. 140여 년이 넘도록 변화의 필요성을 크게 느끼지 못하고 프로세스의 효율성과 규모의 경제로 성장하는 데 안주해오던 카길은 어느 새 신기술과 빠른 제품 사이클, 새로운 기업의 출현 등 새로운 도전에 직면하게 되었다. 가족적인 기업문화와 강한 로열티의 전통 고수에 얽매여 시장의 변화에 대응하지 못하고 도태될 위기에 처한 것이다. 이때 새로운 구원투수로 등장한 CEO가 워런 스탤리였다.

1999년 CEO에 취임한 워런 스탤리는 위기의 카길을 구하기 위해 가장 먼저 분위기 반전을 노렸다. SIT^{Strategic Intent Team}이라는 미래 준비팀을 구성하여 2010년까지 12년간의 체질 개선 로드맵을 작성케 했고 변화 주도의 전권을 부여했다. 카길은 제품과 서비스, 고객에 대한 전면적인 진단을 통해 기존의 23개 글로벌 조직을 95개의 시장 중심 조직으로 재편했다. 비효율적이었던 매트릭스 조직을 제품라인에 맞추어 네트워크 조직으로 바꾸고 수직 구조의 상층부에 몰려 있던 의사결정 권한을 각 네트워크의 연결 고리로 배분했다. 혁신적인 조직 문화를 구축해가기 위해 구성원 행동지표를 만들어 공표하고 성과 중심, 솔루션 중심의 업무 실행을 강조했다. 리더십 아카데미 등 다양한 교육 과정을 만들어 차세대 리더를 집중 양성하는 데도 투자했다. 이런 노력으로 카길은 12년간의 계획 중 절반인 6년 만에 큰 폭의 흑자와 함께 연평균 18퍼센트 이상의 주가 상승률을 기록하는 성과를 낼 수 있었다.

첫 공이 성패를 가른다

구원투수가 상대하는 첫 타자는 대개 강타자다. 기존 투수가 상대하기에 벅차기에 교체된 것이기도 하고 교체된 투수에 맞춰 상대팀이 대타를 내곤 하기 때문이다. 그 타자와의 기 싸움은 첫 공으로 좌우된다. 강한 첫 인상은 상대뿐 아니라 동료 선수들에게 위기 극복의 자신감을 갖게 만들고 응원하는 팬들에게는 이길 수 있다는 믿음을 준다.

위기 상황에서 부임한 리더는 첫 과제를 성공적으로 마치는 것이 무엇보다 중요하다. 첫 임무의 성공은 구성원들에게는 자신감과 리더에 대한 강한 믿음을 심어줄 수 있다. 또한 시장과 고객에게서 위기 극복의 신뢰를 확보할 수 있다.

미국 오하이오 주 신시내티에 본사를 둔 치키타브랜즈인터내셔널은 중앙아메리카 최대의 과일·야채 유통회사다. 조직 내부의 분열과 비효율성으로 10년간 적자에 허덕이던 회사는 결국 2002년 파산을 신청하는 위기를 맞았다. 전임 CEO는 언론에서 '30년간의 독재'라고 표현할 정도로 아주 작은 일조차 모두 결정해야만 직성이 풀리는 리더였다. 여기에 길들여진 구성원들은 매사에 수동적이고 소극적이었던 것이다.

구원투수로 등장한 CEO 프라이다임은 조직의 체질을 바꾸는 것만이 유일한 돌파구임을 간파했다. 프라이다임은 즉시 유능하고 현장에 밝은 젊은 직원을 전사 농장 책임자로 발탁하고 책임과 권한을 하부로 대폭 위임했다. 중간관리자들만으로 경비 절감 프로젝트 팀을 만들어 스스로 결정하고 책임지는 훈련을 쌓도록 했다. 좋지 못한 성과를 내도 부분적으로 받을 수 있었던 보너스 제도를 과감히 없앴다. 동시에 최고 경영층의 급여를 2년간 동결하고 성과가 목표를 초과할 경우 보전해 주기로 약속했다. 이전에는 경험하지 못한 새로운 리더십에 초기에는 구성원들이 주춤했다. 프라이다임의 전격적이고 과감한 실행에 놀란 스태프들은 유능한 직원들이 다 떠날 것을 걱정하기도 했지만 결국 떠난 사람은 거의 없었다. 결국 회사는 생산성 향상, 품질 향상 등으로 실적이 향상되어 부채를 상환하고 지속적인 성과를 낼 수 있었다.

히든카드로 상대하라

구원투수가 위력적인 것은 아직 노출되지 않은 새로운 구질의 공과 볼 배합 능력 때문이다. 그중에서도 상대가 예상하지 못한 공을 위력적으로 던질 때 상대 타자들은 혼란에 빠진다. 새로운 리더가 이전과는 다른 무엇인가를 보여주는 조직은 시장에서 놓쳤던 기회를 잡게 된다.

닛산의 구원투수 CEO인 카를로스 곤 회장은 부임하자마자 '3년 단위의 조직 업그레이드'라는 히든카드로 한복판 스트라이크를 꽂아 넣었다. 3년마다 새로운 혁신 프로그램을 통해 끊임없이 'next'를 제시하겠다는 시험대를 스스로 제시한 것이다. 패배주의에 젖어 있던 구성원들에게 '3년 내 흑자 전환'과 '글로벌 Top 수준의 영업 이익률'이라는 분명한 목표를 제시한 곤 회장은 만일 목표를 달성하지 못할 경우 자리에서 물러나겠다는 결연한 의지로 혼신의 노력을 다했다. 결국 3년이 채 이르기도 전에 목표를 초과 달성하는 성과로 구성원들과 시장에서 강한 신뢰를 확보할 수 있었다.

곤 회장이 선보인 히든카드의 위력으로 닛산은 2002년 '닛산 180'이라고 명명된 '자동차 100만 대 추가 판매, 8퍼센트의 영업 이익, 부채 0'이라는 2차 프로젝트도 성공적으로 달성했다. 2005년이 되자 곤 회장은 '닛산가치제고$^{\text{Nissan Value Up}}$'라는 새로운 목표를 공표했다. 물류, 재무, 인사 등 생산 이외의 영역에서도 프로세스의 혁신을 통해 독하게 실행한 닛산은 어느덧 안정적인 궤도에 접어들 수 있었음은 물론이다.

패션시계 회사인 스와치도 히든카드가 먹혀들어 부활에 성공한 사례로 기억되고 있다. 1970년대 중반까지 스위스 시계산업은 세계 시계 시장의 3분의 1을 차지할 정도로 난공불락이었다. 그러나 1970년대 후반부터 일본과 홍콩의 값싼 노동력으로 만들어진 대량생산 방식으로 만들어진 시계가 시장을 잠식하자 스위스 시계산업은 위기를 맞았다. 시계 시장의 급성장에도 불구하고 스위스 시계는 1974년 9,000만 개에서 1983년 4,000만 개로 생산이 줄 정도였다. 스위스 시계업체들은 컨소시엄을 구성하고 니콜라스 하이에크라는 구원투수 CEO를 영입하여 위기 탈출을 시도하기에 이르렀다.

하이에크가 들고 나온 히든카드, 새로운 구질의 공은 합리적 수준의 '저가 정책'이었다. 그는 대물림하는 시계가 아니라 싫증나거나 고장 나면 바꿀 수 있는 시계를 지향했다. 스와치Swatch의

'S'는 'Second'의 의미라고 한다. 부담 없는 가격으로 고급 시계를 두세 개 살 수 있도록 함으로써 값싼 일본 및 홍콩 제품에 관심 있는 소비자들을 유인하는 전략이었다. 새로운 전략은 시장에서 성공을 거두어 1990년대 스와치는 최대의 매출을 기록하게 되었다. 스와치는 1년에 1억 개 이상의 시계를 판매하고 세계 시계 시장의 25퍼센트를 점유하는 회사로 성장했다. 회사가 위기에서 탈출 할 있었던 데에는 구원투수 CEO 하이에크가 선보인 새로운 구질의 공 덕분이었다.

뱃심으로 승부하라

구원투수는 팀의 절체절명의 위기 순간, 모두의 시선을 한 몸에 받으며 마운드에 오른다. 엄청난 중압감을 견뎌내야 하는 강심장이 필수 요건이다. 두둑한 배짱 없이는 평소 실력도 발휘하지 못하기 십상이다. 더욱이 더 피할 곳이 없는 경우가 많으므로 상대 타자를 정면으로 승부해야 한다. 위기를 극복해야 하는 순간 리더는 과감한 실행을 주저하지 않는 배짱이 있어야 한다. 특히 변화가 어려운 조직일수록 점진적인 개선보다는 충격요법이 효과적일 수 있다.

P&G를 구원한 래플리 회장의 사례를 살펴보자. 1940년대부터 매년 두 자리 이상의 성장률을 이어가던 P&G는 1990년대 들어 처음으로 수익성 악화를 경험했다. 또 킴벌리와 콜게이트뿐만 아니라 월마트와 같은 새로운 소매유통 강자에게 시장을 위협당하는 위기에 직면했다. 이때 CEO에 취임한 래플리는 23년간 P&G에서 성장하면서 오랫동안 주시해온 조직의 문제점을 해결하기 위해 빠른 조치를 단행했다.

먼저 9,600여 개의 직무를 줄이고 최고 경영진의 임원 30명을 능력 있는 사람으로 과감히 교체했다. 조직을 위기에 빠뜨린 책임을 물은 것이다. 그 동안 회사 성장을 이끌었던 '내부 중심의 혁신invented-it-ourselves' 모델이 생산성이 떨어진다는 판단이 들자 C&D Connect & Development라는 새로운 혁신 모델을 제시했다. 혁신의 50퍼센트는 외부에서 확보하는 것을 목표로 삼는 새로운 전략에 따라 IT와 일부 생산부서를 과감히 아웃소싱하고 적과의 동침도 마다하지 않았다. 이러한 리더의 과감성 덕분에 회사는 다시 시장지배력을 회복했고 높은 수익성은 물론 다양한 신상품 개발로 지속적인 성공을 다져나갈 수 있었다.

결정적 순간에는 결정구를 던져라

구원투수에게 있어서 다른 투수와 차별화되는 자신만의 주무기, 즉 결정구의 중요성은 특히 크다고 할 수 있다. 국보급 투수라는 명성을 얻은 선동렬 선수가 등판하는 날이면 상대팀은 '오늘 경기는 이기기 힘들겠다'라고 생각할 정도였다. 그만큼 선동렬 선수의 슬라이더는 아무도 흉내 내기 어려운 위력적인 볼이었다.

제록스가 위기에 처했을 때 CEO로 취임한 앤 멀케이의 결정구는 헌신적인 커뮤니케이션이었다. 회사의 주가가 최고 60달러에서 5달러로 곤두박질하고 부채가 눈덩이처럼 불어나 한때 법정관리까지 들어갈 정도의 위기에 몰려 있을 때에도 앤 멀케이는 재무적인 수치가 아니라 직원들의 사기 저하를 가장 염려했다고 한다. 그녀는 상급 관리직 100여 명을 일일이 만나 직원 격려에 헌신적인 노력을 부탁했다. 회사의 회생 계획도 사원들과의 커뮤니케이션을 통해 짰고 전체 로드맵이 완성되자마자 이를 모든 근로자들에게 정확히 알리기 위해 노력했다. 그녀의 정직하고 헌신이 담긴 커뮤니케이션은 구성원들의 자발적 헌신을 이끌어냈다. 이러한 커뮤니케이션을 통해 확보한 신뢰와 자신감은 제록스가 모든 채무를 청산하고 건전한 재무구조로 재도약하는 밑거름이 되었다.

3장

어떻게
독한
리더가
될 것인가

> 들어가며

성공적인 실패를
계속하라

2002년 한일월드컵 8강 스페인전 마지막 승부차기 키커로 나섰던 홍명보 선수는 골을 성공시킨 뒤 티 없이 맑고 환한 웃음으로 강렬한 인상을 주었다. 10년 만에 우리 국민은 똑같은 웃음을 선수가 아닌 감독 홍명보의 얼굴에서 볼 수 있었다. 2012년 런던올림픽에서 홍명보 감독의 한국 축구 국가대표팀이 조별 리그를 무패로 통과한 뒤 모두가 불가능하다고 여겼던 개최국 영국과의 8강전에서 승부차기 끝에 승리하고 사상 최초로 올림픽 메달을 거머쥐었을 때였다.

한국 축구 최고의 순간에 있었던 홍명보라는 이름은 그러나 가장 쓰라린 패배의 순간에도 있었다. 3전 전패로 탈락한 1990년 이탈리아 월드컵, 네덜란드에 0 대 5 참패를 당한 1998년 프랑스 월드컵, 그리고 이란에게 치욕적인 2 대 6 패배를 당한 1996년 아시안 컵에도 핵심 수비수 혹은 주장 홍명보가 있었다. 선수로 나선 세 번의 월드컵에선 고개를 떨궈야 했다. 감독으로서도 광저우 아시안게임에서 목표 달성 실패로 언론의 도마 위에 올라야 했다.

대표팀의 주장이자 감독으로 성공할 수 있었던 홍명보의 성공 비결은 사실 계속되는 실패에 있었다. 패배에서 교훈을 얻고, 배우고, 포기하지 않고, 조금씩 발전했다. 그 용기가 그냥 실패로 끝날 수 있었던 실패를 성공의 밑거름이 된 '성공적 실패'로 만든 것이다.

몇 년 전 국내 출시되어 신선한 충격을 준 날개 없는 선풍기는 영국 다이슨 사의 창업자이자 발명가 제임스 다이슨이 개발한 제품이다. 그러나 그 이전에 다이슨이라는 이름을 세계시장에 알린 제품은 봉투 없는 진공청소기 듀얼 사이클론이다. 불과 얼마 전까지도 흔히 볼 수 있었던 냄새 나는 종이봉투가 진공청소기에서 사라진 이유도 그가 최초로 개발한 듀얼 사이클론 덕분이다. '영국의 스티브 잡스'로도 불리는 이 혁신가는 자서전 《계속해서 실패하라》에서 성공의 원동력이 수많은 실패라고 주저없이 말한다.

다이슨이 처음 봉투 없는 진공청소기 아이디어를 회사에 제안했을 때, 이사들은 "그렇게 좋은 진공청소기가 있다면 후버나 일렉트로룩스에서 먼저 내놓지 않았겠어?"라며 받아들이지 않았다. 1979년 회사에서 쫓겨난 다이슨은 마차 보관소로 쓰이던 집 뒤 낡은 창고로 들어가 혼자서 봉투 없는 진공청소기 개발을 시작했다. 생활비는 아내가 미술교실에서 강사를 하고 잡지에 그림을 팔아서 댔다. 이후 5년간 5,127개의 프로토타입을 만든 끝에 먼지봉투 없는 진공청소기 개발에 성공했다. 5,126번의 실패를 딛고 최종 제품을 완성한 것이다.

제품 개발에는 성공했지만, 역경은 계속됐다. 대기업들은 그의 제품 생산을 거절하는 한편, 싼값에 특허를 가져가기 위한 방해 공작을 벌였다. 당시 일렉트로룩스나 후버는 소모품 먼지 봉투 판매가 가져다주는 이익을 송두리째 날릴 신제품을 달가워하지 않았다. 수많은 기업들로부터 퇴짜를 맞으며 7년간 개발에 매달려 1992년에는 업그레이드된 청소기로 지금의 다이슨을 세웠다. 그리고 결국 2004년 미국 시장에서 후버 진공청소기에 비해 2배 이상 비싼 가격으로 시장점유율 1위에 올랐고, 2013년 현재 유럽 진공청소기 시장점유율 1위를 기록하고 있다.

홍명보 감독이나 다이슨으로부터 배울 수 있는 리더십 교훈은 '실패를 대하는 태도'다. 이들은 자신들의 실패를 그냥 실패로 끝나게 내버려두지 않고 성공의 발판으로 삼았다. 실패 전도사 마이클 럼이 말하는 '정복자형 실패', 즉 실패에 대한 두려움보다 후회

없이 시도해보고 거기서 더 많이 배우겠다는 태도를 가졌다.

　　　　독한 리더십은 방향이 있을 뿐 성공의 기준이나 이정표가 없다. 독한 리더십은 목표를 향해 끝없이 도전하는 과정이며, 장애물을 만나도 포기하지 않고, 계속되는 실패를 딛고 일어서는 여정의 연속이다. 따라서 독한 리더가 된다는 것은 계속해서 성공적인 실패를 발판 삼아 조금씩 더 독해진다는 의미다.

한계라는 단어부터 지워라

프로야구 김성근 감독은 선수를 키우는 데에서만큼은 누구도 따라오지 못할 정도로 독하다. 당연히 훈련량이나 방식에 한계는 없다. 수비수들은 소위 '펑고'라 불리는 훈련에서 좌우로 전력을 다해 뛰어야 겨우 잡을 수 있는 공을 하루에 1,000개씩 받아내야 한다. 김성근 감독의 수비 훈련을 취재한 일본 방송에는 선수들이 "죽을 것 같아요"라고 말하는 화면이 여과 없이 방송되기도 했다. 그래도 훈련에서만큼은 조금의 타협도 없다. 김성근 감독이 그토록 혹독하게 훈련시키는 이유는 "모든 선수가 열 가지 능력을 다 잘할 수는 없다. 그러나 최소한 한 가지 능력만이라도 잠재력은 가지고 있다"라는 그의 말에서 알 수 있다. 그 한 가지 잠재력을 끌어내는 것이 리더의 책무이기에 어느 선수라도 버릴 수 없다는 것이 그의 신념이다.

독함의 한계는 없다

사람의 가능성이 무궁무진하다고 믿는 김성근 감독은 '아직'이라는 말을 좋아한다. 희망적인 의미가 더 담겨 있기 때문이다. "야구엔 정년이 없다. 한계라는 건 없다. 스스로 한계를 설정해놓는 순간, 거기서 끝이다." 김 감독은 "'벌써 이만큼 나이 먹었으니까 이 정도만 하면 되겠지'라는 생각은 버려야 한다. 마지막 0.1퍼센트의 기적을 위해 노력하는 사람은 그 기적을 찾아낼 수 있다고 본다"라고 말한다.

남이 보면 입이 딱 벌어질 정도로 독한 훈련을 시키지만, 김성근 감독은 "여전히 키운다고 하는 것은 끝이 없다. 늘 최선을 다했다고 생각해도 끝에 가면 항상 더 갈 수 있는 길이 있었다"라고 말한다. 팀의 목표에도 한계를 두지 않는다. 어느 해 팀이

2위 팀과 너무나도 차이가 나는 선두 독주를 계속하자, 언론이나 구단 고위층에서 오히려 "왜 그리 심하게 앞서 나가려 하나? 지나치게 독주하니 재미가 없다"라며 견제를 할 정도였다. 그때 김성근 감독은 "사장님께서는 경쟁사의 실적이 올라갔다고 왜 그리 앞서 가냐고 원망합니까?"라는 한 마디로 아무 소리 못하게 하기도 했다.

김성근 감독의 리더십은 리더가 어느 정도까지 독해야 하는가라는 의문에 대한 명쾌한 답이다. 독한 리더십의 한계는 없다. 철저함이나 완벽함에서 어느 정도, 어느 수준이라는 한계를 설정하는 순간 이미 그 과정은 더 이상 독하지 않다. 상식적인 생각, 일반적인 기대를 훨씬 뛰어넘을 때, 또는 '설마 그 정도까지'라고 혀를 내두를 때 비로소 독하다고 할 수 있다.

아마존의 제프 베조스는 온라인 서점의 성공 요인을 정밀하고도 세심한 공급망과 프로세스의 자동화된 관리로 보았다. 그리고 여기에 일반적인 상식을 벗어날 정도로 많은 투자를 했다. 물류 흐름의 완벽함이야말로 온라인 기반 사업에 핵심이라는 그의 신념 때문이었다. 베조스의 독한 열정은 온라인 서점인 아마존을 세계 최대의 클라우드 컴퓨팅 기업으로도 자리매김하게 만들었다. 정보통신 전문기업들마저 아마존을 벤치마킹하는 정도에 이르렀다. 그뿐만이 아니다. 아마존의 웹사이트에서 지속적으로 선보이는 획기적인 '원클릭' 서비스들이나 아마존 킨들에서 볼 수 있는 전자책의 탁월한 질감과 완벽해보이는 색조도 베조스가 한계를 설정하지 않고 최고를 추진했던 집념의 산물들이다.

세상이 환호를 보낼 때 그 성과에 자만하는 것은 이미 자신의 능력에 한계를 짓는 일이다. 마이크로소프트의 빌 게이츠는 자만하지 않는 독한 리더십을 보여준다. 1991년 마이크로소프트는 업계 최강으로 자리를 굳히고 있었다. 그런데 한 지역 신문인 〈산호세머큐리뉴스〉에 빌 게이츠가 작성한 'Nightmare memo'라는 문서가 보도되면서 회사의 주가가 11퍼센트나 떨어졌다. 이 메모에는 경쟁사, 기술, 지적 재산권, 특허, 고객 불만 등 다가올 온갖 위협과 걱정거리가 다 들어 있었다. 회사가 잘 나가는 시기라 온갖 억측이 난무했다. "우리의 우려는…… 이제 현실입니다"라는 말로 마무리된 이 메모는 여전히 더 완벽해져야 할 리스크 대비에 대한 빌 게이츠의 편집광적인 염려였던 것이다.

한계에 대한 타협은 가혹하다

무엇에든 한계를 두게 되면 그 안에서 타협이라는 유혹에 넘어가기 쉽다. 타협은 독한 리더십을 한순간에 무너뜨린다. 독함의 색깔이 조금이라도 퇴색되거나 변질될 때, 독하다고 신뢰를 받았던 리더일수록 더 큰 타격을 입는다.

30년 전 타이레놀 독극물 파동 때 발 빠른 제품 회수와 정직하고 용기 있는 고객 소통으로 윤리 경영을 인정받았던 존슨앤존슨은 최근 독함의 퇴색으로 어려움을 겪은 바 있다. 2010년부터 잇따라 발생한 리콜 사태는 2002년 CEO에 취임한 윌리엄 웰든 회장에게는 물론 회사 전체에 큰 악몽이 되었다. 웰든 회장은 품질관리와 제품에서 결함이 발견되었음에도, 어느 정도까지만 대응해도 될 것이란 안이함을 가졌다. 초기부터 예상외로 사태가 커져가는데도 웰든 회장은 성공적으로 조직을 이끌어왔다는 자부심과 명예욕으로 고객과의 소통에 회사의 이미지에 맞는 절박함을 보여주지 않았다. 고객들은 도덕성과 윤리 경영에서는 어떤 기업보다 '독한 기업'인 줄 알았던 존슨앤존슨의 대응에 실망했고 사태는 가라앉지 않았다. 결국 웰든 회장의 불명예 퇴진과 함께 회사의 이미지도 한순간에 돌이킬 수 없이 나빠지고 말았다.

　인텔의 앤디 그로브도 스스로 한계를 두어버린 한 번의 실수가 있었다. 그 실수는 앤디 그로브가 나중에 "CEO로 재직하면서 겪은 가장 고통스러운 시간"이었다고 회고했을 정도로 치명적이었다. 1994년 대학교에서 수학을 가르치던 토머스 나이슬리라는 교수는 펜티엄 컴퓨터의 부동소수점 연산에서 오류가 발생했음을 발견하게 되었다. 그는 인터넷에 이를 공개했고 일부 컴퓨터 마니아들은 인텔에 전화를 걸어 항의하기도 했다. 인텔은 이를 조사한 결과 90억 회의 연산에 한 번 일어날 수 있는 확률의 사소한 결함이라 결론지었다. 이는 유저가 2만7,000년간 컴퓨터를 사용해야 한 번 일어나는 정도였다.

　앤디 그로브는 고객들에게 펜티엄 칩의 오류를 자세히 설명하는 노력을 기울였지만, 실수를 인정하기보다 일반 사람들은 평생 사용해도 그 버그로 인해 아무 문제도 겪지 않을 것이라는 논리에 치중했다. 그리고 수학자나 물리학자에 한해 교환해주겠다는 말도 했다. 결함이긴 하지만 사소한 결함이므로 큰 문제 아니라는 한계를 그어버린 것이다. 그리고 잠시 항의가 잠잠해지자 앤디 그로브도 안심하고 말았다.

　그러나 그의 희망과 달리 CNN에서 '펜티엄 오류'라는 제목으로 보도가 나오고 비난이 수그러들지 않자, IBM은 전격적으로 펜티엄 칩을 장착한 컴퓨터를 리콜하고 판매를 정지했다. 앤디 그로브는 결국 모든 펜티엄 칩을 교환해주겠다고 선언했고, 5억 달러의 비용과 소비자 비난을 모두 감수해야 했다. '인텔 인사이드'라는 광고로 브랜드 인지도가 급상승하던 터라 인텔에게는 더욱 뼈아픈 순간이었다. 완벽 추구에서 한계를 두어버린 리더의 실수는 이처럼 가혹한 대가를 요구했던 것이다.

남과 달라지는 것에서 시작하라

《바로잉》의 저자 데이비드 코드 머레이는 "창의적인 생각이란 어느 순간 머릿속에 어떤 것이 퍼뜩 떠오를 때까지 기다리는 행위가 아니라, 기존에 존재하는 어떤 아이디어를 찾는 탐색 행위"라고 말한다. 사실 아이디어의 세계에서 독창성과 도둑질은 종이 한 장 차이다. 유율법이라는 미적분 계산법을 만들면서 다른 사람의 아이디어를 훔쳤다는 비판을 받았던 뉴턴은 단지 더 멀리 바라보기 위해 거인의 어깨에 올라서야 했을 뿐이라고 자신을 멋지게 변호했다.

남과 다르게 세상을 바라보는 것은 전혀 새로운 것을 추구하는 거창한 것이 아니다. 집요하게 노력하는 것이요, 조금이라도 더 나은 가치를 만들어내기 위해 독하게 정진하는 것을 의미한다. 이런 목표 의식과 진득한 과정이 독한 리더를 남과 달라 보이게 만드는 것이다.

독한 리더십의 동력은 차별화다

LG전자와 한국전력공사의 CEO을 지낸 김쌍수 전前 사장은 조직 목표 설정에서 남다른 독함을 보여준 리더다. "5퍼센트는 불가능해도 30퍼센트는 가능하다"라는 표어는 그의 독함을 상징적으로 보여주는 구호다. 연말이면 기업들은 내년도 매출 목표를 수립한다. 시장 환경이나 환율과 같은 분석에 조직의 의지를 더하면 목표가 나오는데 큰 기업의 경우 성장률 목표 수치가 한 자리 수를 넘기 어렵다. 1~2퍼센트의 매출 성장을 이루는 것이 얼마나 어려운지 아는 현장에서 5퍼센트의 목표치를 제시하면 아예 죽겠다고 난리가 난다. 기존에 해오던 방식으로는 아무리 밤낮없이 열심히 해도 어렵기 때문이다.

그러나 만약 그런 조직에 30퍼센트의 성장 목표를 제시하면 어떻게 될까? 대부분 아예 포기한다. 현실적으로 불가능하기 때문이다. 그것이 상식적이고 합리적이다. 그런데 일부 직원은 기존의 방식으로는 불가능함을 알기에 다른 방식이 없는지 고민하기 시작한다. 타성에 젖었을 때는 생각지도 못했던 혁신이 일어나는 것은 이런 인재 덕분이다. 어쩌면 30퍼센트가 아니라 50퍼센트, 100퍼센트의 성장도 불가능한 것만은 아니게 된다. 김쌍수 사장은 이를 노렸던 것이다.

한편, 조직 운영 방식에서도 남다른 철학과 신념을 보여주는 리더가 있다. 미국 텍사스 주에 본사를 둔 자연주의 식품 체인 기업 홀푸드의 공동 창립자이자 CEO인 존 매키는 50년 넘게 미국 슈퍼마켓들이 실시해온 경영 방식을 버리고 새로운 조직 운영 방식을 통해 '식품업계의 스타벅스'가 되었다. 연매출이 60억 달러에 이르는 홀푸드는 식품산업 최고의 '1평방 피트당 수익'을 창출하고 있으며, 1992년 기업공개 후 15년 동안 주가가 거의 3,000퍼센트나 증가하는 놀라운 성장을 기록했다. 더 놀라운 것은 회사 직원들이 스스로 '종업원'이 아닌 '주인공'으로 생각하며 직장에서 보람과 성취감을 맛보고 있다는 점이다.

홀푸드에서는 어떤 제품을 들여놓을지를 일선 종업원이 직접 스스로 알아서 결정한다. 또 신입사원 채용은 실제 일하게 될 팀의 구성원들이 모두 참여하여 투표로 결정한다. 각 팀은 수익에 따라 움직이고 분기마다 생산성이 측정되며 그 결과에 따라 보너스가 결정되므로 만약 게으른 사람에게 투표하면 자신의 급여가 줄어들 수도 있다. 이런 시스템이 주는 메시지는 명쾌하다. "당신의 성공을 만드는 것은 관리자가 아니라 바로 당신 자신이다."

1972년 설립된 오르페우스 챔버 오케스트라는 '리더없는 조직'이라는 새로운 패러다임을 선보였다. 오르페우스는 지휘자가 없는 관현악단이기 때문에 음악계에서 이단아와 같은 존재다. 오르페우스 멤버들이 지휘자 없이 연주하기로 한 것은 오케스트라 연주를 전혀 다른 각도에서 바라보았기 때문이다.

음악계에서는 이미 잘 알려진 얘기지만, 전통적인 오케스트라의 지휘자는 뛰어난 음악적 재능으로 존경받을지언정 조직의 훌륭한 리더로 존경받는 경우가 극히 드물다. 보스턴 필하모닉 오케스트라의 설립자이자 지휘자인 벤 잰더는 "지휘자는 자신의 권위에 도전하는 꼴을 절대로 못 보는 독재자다"라고 말할 정도다. 실제로 아무리 뛰어난 단원이라도 오케스트라 내에서만큼은 지휘자가 요구하는 음악만을 강요받는다. 음악적 해석이나 기교에서 자신의 주장을 조금도 펼칠 수 없음은 물론이다.

오르페우스는 여기에 반발했다. 지휘자의 지휘 아래 수동적인 연주에서 벗어나 모든 단원이 연주를 통해 자신을 표출하는 최고 수준의 관현악단이 되고자 했다. 구성원들의 음악적 재능과 지식이 존중되고 공동의 목표에 대한 다양한 의견이 수용될 때 더 가치 있는 음악적 성과가 나올 수 있다고 믿었기 때문이었다.

지휘자가 없다 보니 연주 곡목의 선정이나 리허설 진행 과정에서 모든 단원들이 의견을 제시하고 결과에 강한 책임감을 가진다. 매번 진행을 담당하는 리더는 동료들에 의해 선출된다. 연주 준비는 일반 오케스트라보다 약 3배의 시간이 더 걸리지만 음악에 대한 이해와 해석에서 모두가 리더십을 가지고 참여하기 때문에 음악에 모든 단원의 영혼이 들어 있다는 자부심이 대단하다.

1972년 지역 교회에서 연 첫 번째 콘서트는 111달러의 수익에 그친 미약한 시작이었지만, 6년 만인 1978년 카네기홀에서 콘서트를 열 정도로 빠른 성장을 했다. 이후 30년이 넘도록 오르페우스는 음악 공동체의 살아 있는 전설이 되었다. 이들의 뛰어난 연주와 감성, 열정은 전 세계에 추종자를 낳고 있다. 1999년 카네기홀 개막 연주에 대해 〈뉴욕타임스〉는 "이들의 연주가 이토록 관객을 매료시킬 수 있었던 것은 모든 연주자가 지휘자였기 때문에 가능했다"라고 격찬했다.

남다른 조직 운영 방식의 성공은 역사적인 사례에서도 찾아볼 수 있다. 1680년대 초 북멕시코 지역, 잉카제국을 정복한 스페인 군대를 맞아 2세기 동안이나 계속해서 대항한 아파치족은, 잉카제국이 완전히 사라지는 데 채 1년도 걸리지 않았음을 감안하면 믿기 어려울 만큼 지독한 생명력을 보여주었다. 아파치족과 3년간 함께 지내며 이들을 연구한 문화인류학자 톰 네빈스는 '확실한 리더나 위계 체계, 중앙 본부에 의존하지 않는 새로운 조직 운영 방식'이 아파치족의 승리 요인이었다고 결론을 내렸다.

전투에서 아파치족 전사들은 다른 부족과 달리 리더이면서 동시에 추종자가 되었다. 전사 개개인마다 주어진 상황에서 어떤 역할을 해야 하는지 명확히 알고 있었으며 행동에 나설 때 누구로부터도 지시를 받지 않았다. 누구든지 가장 적절한 타이밍에 가장 최선의 행동을 주저 없이 했다. 군대를 지휘하는 장수를 잡아야 전투에서 이기는 것으로 생각했던 스페인 군대는 당황할 수밖에 없었다. 리더처럼 보이는 대장을 죽이거나 사로잡아도 아파치족 전사들에게 별다른 타격을 주지 못했기 때문이었다.

독함은 남다름이다

　날개 없는 선풍기로 유명한 다이슨의 창업자 제임스 다이슨은 왕립예술대학에서 가구 및 인테리어를 전공한 디자이너였다. 그는 재학 시절 디자인한 바닥이 평평한 화물운반선 '시트럭Seatruck'으로 졸업 전부터 큰 성공을 거두었다. 시트럭의 아이디어는 수상스키를 타다 한 발을 들면 속도가 느려지는 이유를 찾는 고민에서 나왔다. 어째서 넓은 합판이 수상스키보다 빠른지 궁리하던 끝에 '단위면적당 무게'에 해답이 있음을 깨닫고 제품 개발에 응용한 것이다.

　또 다이슨은 집에서 정원을 손질하다 외바퀴 달린 손수레가 진흙에 빠지거나 넘어지기 쉽고 잔디에 깊은 생채기를 남기자 개선 방안이 없을까 집요하게 매달렸다. 불편함을 그냥 넘기지 않은 그의 집요함은 결국 바퀴 대신 부드러운 플라스틱 볼을 수레에 적용하는 아이디어로 귀결되었다. 그래서 탄생한 것이 '볼배로우Ballbarrow'라는 혁신적 손수레였다. 볼배로우는 당시 시장의 70퍼센트를 점유했고 디자인상까지 휩쓸었다.

　먼지봉투 없는 진공청소기도 볼배로와 마찬가지로 작은 불편함의 원인을 찾아 끈질기게 매달리다 나온 아이디어다. 당시 후버 진공청소기는 아무리 새 봉투로 갈아도 두 번째부터는 어김없이 흡입력이 떨어졌다. 미세 먼지가 한번 필터에 붙으면 배출 공기 흐름을 막기 때문이었다. 원인을 알게 되자 다이슨은 해결 방안을 찾아 다시 골몰했다. 그러다 우연히 제재소에서 공기 흐름 조절을 통한 원심력만으로 나무 찌꺼기와 먼지까지 제거하는 집진기 원리를 접하게 되었고 이를 진공청소기 개발에 응용했던 것이다.

1990년대 GE가 중국 초음파기기 시장에서 거둔 성공에는 중국에 파견된 사업 리더이자 GE의 전 세계 600여 명의 본사 임원 중 한 명인 한국인 구자규 사장의 남다른 시각이 있었다. GE의 헬스케어 부문은 1995년 중국에서 초음파기기 사업을 시작하면서 당시 중국 지역 책임자였던 구자규 사장에게 사업 추진의 포괄적 권한과 책임을 부여했다. GE는 아시아에서 초음파기기 시장의 성과가 부진했다는 판단에 책임자를 교체한 것이다. 구자규 사장은 중국 현지에 부임하자마자 의사들부터 만나보기 시작했다. 기존 현지 책임자들이 GE의 초음파기기 제품 홍보에 초점을 맞추었던 것과는 대조적이었다. 그 결과, 가격과 휴대 편리성을 획기적으로 개선하지 않으면 중국 시장에서 성공하기 어렵다는 결론을 얻었다.

그런데 이는 기존의 크고 비싼 기기를 개선하는 것으로는 해결할 수 없었다. 성능과 형태에서 완전히 새로운 방식을 고민해야 할 문제였다. 밤잠을 설치며 고민한 끝에 구자규 사장은 '노트북을 이용한 초음파기기'라는 새로운 개념의 제품 아이디어를 얻을 수 있었다. 동시에 제품 개발과 별도로 현지에 맞는 사업 수행을 위해 기존 GE의 조직 형태와는 전혀 다른 현지인 중심의 조직을 구성했다. 현지 제품 개발 주기를 대폭 단축함과 동시에 서비스 전담 직원 수도 몇 배나 늘렸다. 이런 조치는 인건비나 비용 감축의 상식을 벗어난 것이었다. 그러나 중국의 상대적으로 짧은 인허가 기간과 값싼 인건비 여건을 십분 활용한 구자규 사장의 남다른 전략적 시각이었다.

독한 것은 평범하지 않다. 결국 독함은 남다르다는 것이다. 남다름은 기존의 타성에서 과감히 벗어나는 것, 그리고 남이 생각하는 수준 이상으로 높은 목표를 정하고 매달리는 것에서 출발한다. 남들 하는 만큼만 해서는 사업이나 조직을 성공으로 이끌지 못한다. 늘 하던 방식에 문제는 없는지, 더 나은 방식은 없는지를 일부러라도 끊임없이 연구하고 남다른 자세를 유지하는 것이 리더의 독함이다.

자신에게 가장 독해져라

　차마고도는 중국 윈난성, 쓰촨성에서 시작되어 티베트, 인도, 파키스탄 등지를 거치는 세계 역사상 가장 오래된 무역로다. 비단길보다 앞선 이 무역로를 통해 '마방馬幇'이라 불리는 상인들이 중국의 차와 티베트의 말을 사고팔았기에 '차마고도'라는 이름이 생겼다. 평균 해발고도 4,000미터가 넘는 험준하고 가파른 길이지만 1,000년 전 티벳불교가 전래된 통로로, 경치가 매우 장엄하고 아름다운 길이기도 하다.

가장 엄격한 잣대는 자신에게

　몇 해 전 TV에 차마고도 무역로를 취재한 다큐멘터리 프로그램이 방영된 적이 있다. 거기에는 히말라야 산맥을 넘는 장족 목동의 오체투지 순례길이 소개되었다. 중국 사천성 더거에서 출발하여 최종 목적지인 티벳 라싸에 이르는 이 순례길은 약 2,100킬로미터에 달하며 총 7개월 정도 소요된다. 순례자들은 그냥 걷는 것이 아니라 처음부터 끝까지 이마와 배를 땅에 대는 오체투지로 이동한다. 순례 도중 살생하지 않을 것이며 오로지 선善만을 행할 것이라고 맹세한 후, 이들은 온몸을 땅바닥에 던지며 매일 6킬로미터 정도를 이동한다. 손바닥에는 나무판자를 끼고 몸 전체에는 가죽을 두른 후 진흙길, 아스팔트, 돌길, 얼음을 가리지 않고 두 걸음 걷고는 엎드려 이마를 땅에 댄 후에야 일어나기를 무한정 반복한다. 영하 30도까지 내려가는 티벳고원의 겨울도 아랑곳하지 않고 이들은 길가에서 야영하며 약간의 곡물만으로 허기를 달래면서 여정을 멈추지 않는다. 땅에 부딪혀 생긴 멍이 굳은살로 변하고 색도 검게 변해 얼마 후 순례자들의 이마엔 커다란 검은 점이 생긴다. 최종 목적지인 티벳 라싸의 조캉 사원에 도착해서도 이들은 10만 번의 절을 더 하는데 이것만 해도 2개월이 걸린다.

일반인들에게는 상상하기 어려운 고난의 길이겠지만 이들에게 순례는 고통이 아닌 기쁨이다. 아무도 보는 사람이 없지만 한 걸음도 더하거나 덜하지 않으며, 진흙과 돌부리를 피하지도 않는다. 차마고도의 순례자들이 티벳불교의 역사를 이어가고 있다는 평가를 받는 데에는 이처럼 자신에게 철저하고도 독한 실행이 있기 때문이다.

독한 리더십은 스스로 가장 독해지는 것이다. 남을 독하게 훈련시키는 것이 아니라 내가 먼저 독한 훈련을 하는 것이다. 남의 잘못과 실수에 혹독한 비판을 가하는 것이 아니라 나의 행동에 가장 엄격한 잣대를 들이대는 것이다.

우리나라 양궁 국가대표팀은 30년이 넘도록 세계 최고를 지키고 있다. 일반인이라면 잘 이해가 안 가겠지만 양궁 국가대표팀의 훈련량은 태능선수촌의 모든 대표팀 가운데 다섯 손가락 안에 들 정도다. 제자리에 서서 과녁을 향해 활을 쏘는 정적인 운동이지만 체력이 든든히 받쳐주지 않으면 좋은 성적을 내기 어려운 종목이 양궁이다. 양궁 선수들에게는 고도의 긴장 상태에서 흔들리지 않는 정신력이 필수다. 수많은 카메라의 눈이 초점을 맞추고 있는 경기장 한복판에서 한 발의 화살이 승패를 가르는 절대적 순간, 예측할 수 없는 바람과 소음을 극복하고 자신의 평소 기량을 발휘하려면, 두둑한 배짱과 강한 체력이 핵심이다.

  이들이 받는 훈련 가운데 중요한 것으로 담력 훈련이 있다. 양궁 국가대표팀의 담력 훈련은 종류도 많고 내용도 기상천외하다. 세계 최고의 협곡에 설치된 수백미터짜리 번지점프는 기본이다. 부슬비 내리는 한밤중에 공동묘지 왕복하기는 차라리 애교 수준이다. 심지어 UDT 특수부대 훈련도 소화한다. 예컨대, 수백 마리의 뱀이 우글대는 방에 들어가 가운데 놓인 통에서 뱀 두 마리를 손으로 집어 꺼낸 후 뱀의 머리를 입에 넣는 훈련까지 한다고 한다.

  그런데 선수들을 제대로 훈련시키기 위해 훈련 방식을 고안해낸 리더가 가장 먼저 시범을 보인다고 한다. 그들은 번지점프를 뛸 때도, 뱀 소굴에 들어갈 때도 항상 먼저 해보이고 나서 선수들에게 따라오도록 했다.

  우리나라 양궁 국가대표팀의 감독과 코치들은 이런 면에서 진정 독한 리더다. 한 번은 한 어린 여자선수가 번지점프대에서 뛰지 못하고 주저앉아버렸다. 감독과 코치들은 다른 선수들을 다 철수시키고 그 선수 한 명만을 위해, 그 선수가 용기를 얻을 때까지 9번이나 뛰어내렸다고 한다(결국 10번째 뛰기 직전 그 선수는 스스로 점프에 성공했다). 그 감독과 코치들은 과연 고소공포증이 전혀 없는 철인들이었을까? 가장 먼저 뱀 대가리를 두 손으로 움켜잡고 입 속에 넣어 물었던 서거원 감독은 "다른 건 별로 무서워하는 게 없지만 뱀은 평소 TV에 나와도 눈을 돌릴 정도로 싫어했다. 그러나 독한 마음을 먹을 수밖에 어쩔 도리가 없었다"라고 자서전에서 말한다.

솔선수범으로 신뢰를 얻어라

리더가 받는 가장 큰 유혹으로 '돈'이 있다. 엔론이나 월드콤과 같은 부패 기업의 리더들은 결국 돈의 유혹에 넘어간 사례다. 미국 기업의 CEO들이 받는 천문학적인 보수가 심심치 않게 뉴스거리로 보도될 정도로 리더에게는 돈의 유혹이 많다. 2012년 미국 100대 기업 CEO들의 평균 연봉은 1,440만 달러(약 162억 원)로 일반 직장인들이 평생 버는 금액보다 무려 6배나 더 많았다. 캐나다 100대 기업 CEO의 평균 연봉은 국민 평균 연봉의 189배로 발표되기도 했다. 얼마 전, 우리나라 기업 CEO나 경영진도 외국처럼 보수를 공개하는 법안이 발의되었다는 보도가 있었다. CEO의 적정 보수에 대한 논란은 다양하지만 미국에서조차 많은 전문가들이 이사회가 CEO 보수를 제대로 통제하지 못하고 있다고 비난한다.

독한 리더라면 돈에 대해서도 신념과 철학이 분명해야 한다. CEO의 실적 대비 보수를 조사한 영국 경제전문지 〈이코노미스트〉는 실적에 비해 가장 보수를 받지 못한 경영자로 스티브 잡스를 꼽았다. 애플에 복귀하면서 보수를 단 1달러만 받았던 잡스를 생각하면 수긍이 간다. 일본의 독한 리더 이나모리 가즈오도 JAL의 CEO를 맡으면서 보수를 한 푼도 받지 않았다.

세계적으로 몇 손가락 안에 드는 유통기업인 코스트코를 설립한 짐 시네갈은 "조직이 성공하려면 수많은 사람들이 고생을 한다. 그 공을 CEO 한 사람이 독차지한다는 것은 옳은 일이 아니다"라며 수백만 달러의 연봉을 받을 수 있음에도 거절했다. 시네갈의 연봉은 35만 달러 수준으로, 글로벌 CEO 연봉 하위 10퍼센트에 속한다. 그러나 코스트코 직원들의 연봉 수준은 업계에서 최고다.

리더의 독함은 솔선수범이 전제되어야 의미가 있다. 무엇이든 자기 스스로 가장 독해야 진정 독한 리더이기 때문이다. 부하의 등을 떠미는 것이 아니라 앞에 나서 끌어줄 수 있어야 한다. 어려움과 위기에 맞서라고 외치기 전에 스스로 행동으로 보여주어야 한다. 요령과 부정의 유혹에 담대하게 맞서는 정직한 도덕성을 실천함으로써 호소해야 한다.

영국인이 가장 위대한 리더로 여기는 윈스턴 처칠을 보면, 아들은 물론이고 두 딸마저 공군과 방공포 부대에서 명령을 기다리는 군인이었다. 처칠이 독일에 맞서 "영국인이여, 전쟁을 불사합시다!"라고 단호하게 외칠 수 있었던 것은 이와 같은 솔선수범에 바탕을 둔 자신감이 있었기 때문이다. 사회 고위층일수록, 고위 관료일수록 병역 문제가 유독 많이 불거지는 우리나라와 달리 리더 처칠의 독한 솔선수범을 본 영국 국민들은 독일 폭격기의 공습에도 승리에 대한 확신을 가질 수 있었던 것이다.

번아웃과 스트레스를 줄여라

지난 여름 스위스에서는 두 명의 고위 경영진이 스스로 목숨을 끊어 유럽 재계에 충격을 주었다. 7월에는 스위스 최대 이동통신사인 스위스콤의 CEO 칼스텐 슐터가 49세의 나이에 자살했으며, 8월에는 세계 최대 보험사 중 하나인 취리히 인슈어런스 그룹의 CFO 피에르 와티에르가 53세의 나이로 생을 마감했다. 복합적인 요인들이 작용했겠지만, 극심한 업무 스트레스가 공통된 사인으로 추정되고 있다. 특히 슐터는 생전에 한 언론기관과의 인터뷰에서 "나 자신도 내 삶에서 여유를 갖는 일이 갈수록 어려워지고 있음을 깨닫고 있다"라는 말을 남기기도 했다.

케냐의 개코원숭이 무리를 9년간 조사한 미국 프린스턴대학교의 제니 알트만 교수는 배설물 분석을 통해 스트레스 호르몬 수치를 분석했는데, 가장 많은 스트레스 호르몬 수치는 서열이 높은 우두머리 수컷에게서 나왔다고 한다. 개코원숭이가 유전자 특성에서 인간과 매우 유사하고 사회계층 형태도 흡사한 것을 고려하면, 인간 조직에서도 스트레스 지수가 가장 높은 이는 리더들이다.

상위 리더로 올라갈수록 주위에 휩쓸리지 않고 자신만의 리듬을 타는 능력도 길러야 한다. 자신에게 스스로 독하다는 것이 자신을 극한까지 몰아가는 혹독함을 의미하는 것은 아니다. 오히려 철저한 자기관리와 절제에 충실한 모습이 자신에게 가장 독한 모습이다. 따라서 스트레스를 관리하고 번아웃되지 않는 것도 리더십 페이스를 유지하기 위한 독한 리더십의 중요한 요소다.

실행 자체에 몰입하라

　기원전 218년 여름, 28살에 불과한 카르타고의 젊은 장수 한니발은 코끼리부대를 이끌고 지금의 에스파냐 지역을 출발하여 피레네와 알프스 산맥을 넘고 있었다. 1차 포에니 전쟁에서 패배한 후 로마 본토의 정복만이 완전한 승리라고 믿은 한니발이 2차 포에니 전쟁을 시작한 것이다.

　알프스를 넘어 이탈리아 반도의 북쪽에서 내려오는 한니발의 작전은 그야말로 로마의 허를 찌르는 전술이었다. 그러나 10만 군대가 1,600킬로미터가 넘는 거리를 늪지와 얼음 절벽을 뚫고 행군한다는 것은 그야말로 죽음의 행진이었다. 알프스를 넘어 이탈리아 북부에 다다랐을 때 한니발 군대는 대부분 얼어죽거나 절벽에 떨어져, 출발 때의 절반에도 못 미치는 2만6,000명으로 줄어 있었다. 수백 마리였던 코끼리도 40여 마리밖에 남지 않았고 그나마 병들어 죽어가고 있었다. 한니발 부대는 로마 정복은커녕 생사의 기로에 처하게 된 것이다.

한니발은 고육지책으로 당시로서는 가공할 무기였던 코끼리를 과감히 포기하고 군대를 기병 중심으로 바꾸기로 했다. 그런데 군대를 모으고 기병을 훈련시키기엔 여유가 없었기에 로마로 진격하면서 기병부대를 완성해나가는 전략을 택했다. 속도가 다소 늦더라도 주변의 부족들을 점령하면서 군대를 기병 중심으로 바꾼 것이다.

이런 전술은 이탈리아반도 전체를 공포의 도가니로 몰아넣는 효과를 냈다. 또 한니발 부대가 로마 인근 칸나이 평원에 집결했을 때는 최고의 실전 경험을 갖춘 완벽한 기병부대가 되어 있었다. 그리고 역사적인 칸나이 전투에서 한니발의 5만 병력은 로마의 9만 병력을 포위하여 거의 살육에 가까운 초토화로 승리를 거두었다.

독한 리더는 실행에 더 초점을 맞춘다. 아무리 완벽한 준비를 해놓아도 실행하지 못하면 허사다. 한니발의 승리는 완벽한 준비가 아닌 빠르고 독한 실행 때문에 가능했다.

빠른 실행에 집중하라

애플이 세계에서 가장 뛰어난 혁신기업이 될 수 있었던 것도 따지고 보면 실행에서 주저함이 없었던 잡스 때문이다. 제록스의 팰러알토연구소가 개발한 그래픽 유저 인터페이스GUI와 비트맵 기술을 가져다 쓴 것은 IT업계 역사상 가장 의미심장한 도둑질로 간주되곤 한다. 1979년 팰러알토연구소를 방문한 잡스는 그림으로 이루어진 명령체계와 메뉴판을 마우스라는 입력기로 조작하는 '알토'라는 컴퓨터를 보게 된다. 그 순간 잡스는 그 가능성을 알아차리고 발을 동동 굴렀다고 한다.

잡스에게 새로운 기술을 소개했던 제록스의 엔지니어 테슬러는 다음과 같이 회고한다. "잡스는 흥분해서 가만 있질 못하고 이쪽저쪽을 왔다 갔다 했어요. 내 설명을 제대로 이해했는지 궁금했지만, 그는 계속 질문을 쏟아내면서 화면이 바뀔 때마다 감탄을 내지르더군요. 그러고는 마침내 '당신들은 돈방석 위에 앉아 있는데 대체 왜 이걸 활용하지 않느냔 말이오!'라며 소리를 질렀죠."

사실 잡스는 훗날 이 방문에 대해 컴퓨터의 미래가 갑자기 선명하게 보이기 시작했다고 회상했다. 그 설렘은 최고의 PC 매킨토시로 탄생되었고 잡스는 스스로 '도둑질'을 자랑스럽게 인정했다. 자신은 역사에 등장한 최고의 아이디어를 찾아냈으며 애플은 이를 잘 활용한 것이라며, 제록스와 달리 즉시 실행에 옮긴 애플을 자랑스러워했다. 잡스는 피카소의 말을 인용하여 "좋은 예술가는 모방하고 위대한 예술가는 훔친다"라며 훌륭한 아이디어를 훔친 것을 부끄러워하지 않았다.

잡스는 제록스가 보지 못한 기술의 본질을 한눈에 꿰뚫어 보는 천재성을 지녔다. 이런 천재성이 진정 빛을 발한 것은 그의 독한 실행력 덕분이다. 훔쳐서라도 최고의 제품을 개발하고픈 열망이 실행력으로 이어진 것이다.

독한 리더십의 핵심은 실행력에 있다. 완벽주의에 사로잡히지 않으면서도 완벽을 향한 대담하고도 집요한 전진에 있다. 세상은 최고의 기술을 손에 쥐고도 어떤 일을 할 수 있는지 고민하고 생각에 잠겨 있던 점잖은 제록스보다, 즉시 실행에 옮긴 '도둑' 잡스에 더 많은 지지를 보낸다.

즉시 실행하고 즉시 인정하라

　세계적 헤드헌팅 기업인 러셀 레이놀즈의 클락 머피 회장은 특히 리더가 생각이 너무 많을 때 조직은 피해를 입는다고 강조한다. 그는 "단언하지만, 여러 사람의 의견을 듣고 많은 분석을 하고 심사숙고해서 전략을 세우는 그런 시대는 갔다. 지금 필요한 인재는 적절한 때에 정확한 커뮤니케이션을 하는, 실행력이 탁월한 사람이다"라고 말한다. 또 오랜 시간을 두고 깊이 생각하는 현자wise man 스타일 리더는 더 이상 필요하지 않다고도 지적한다. 최고의 선택을 하겠다는 이유로 너무 심사숙고에 몰두한 나머지 직원, 시장, 이사회를 불안하게 만드는 리더는 나쁜 경영자라는 것이다.

　일본의 서비스 기업 무사시노를 이끌고 있는 고야마 노보루 사장의 경영 철학은 그런 면에서 의미심장하다. 그는 저서 《경영의 마음가짐》에서 "언젠가 하겠다는 사람은 결국 안 하겠다는 것과 같다"라며 언젠가 할 생각이라면 지금 바로 해야 한다고 강조했다. 그리고 리더가 결정하는 것은 항상 지금 바로 할 것인지, 아니면 평생 안 할 것인지 둘 중의 하나이며, 조금이라도 하는 편이 나은 것 같으면 주저 없이 실행에 옮겨야 한다고 주장한다. 해보고 나서 아니라고 느껴지면 그때 가서 그만두면 되기 때문이다.

고야마 노보루 사장은 "정확한 판단을 내리는 사람보다 조령모개 같은 명령을 내릴 수 있는 사람이 살아남는다. 당장 결정하고, 당장 잘못을 알아채고, 당장 변경하는 것, 이런 신속함과 민첩함이 사장에게 필요하다"라고 말하며 빠른 결정과 빠른 실행의 중요성을 역설한다. 변덕이 죽 끓듯 하다고 욕 좀 들으면 어떤가 하는 의연함과 배짱이 있어야 한다는 말이다. 이것이 바로 독한 리더가 지녀야 할 뱃심이다. 독한 리더라면 목표를 이루고 조직의 성공에 기여하는 것에 기뻐할 뿐, 리더의 체면과 사람들의 시선에 얽매이지 않는다.

잭 웰치는 취임 초기 '글로벌 No 1 or 2'를 강조하며 대대적인 사업 구조조정을 단행한 바 있다. 그러던 중 크로톤빌 연수원에서 열린 한 토론에서 자신의 한계를 깨달았다. 수업을 받던 미 육군사관학교의 팀 리처즈는 잭 웰치에게 이렇게 물었다.

"No 1, 2 전략만 추구하면 CEO의 눈을 만족시키기 위해 사업마다 시장의 범위를 인위적으로 작게 만들 우려가 있지는 않습니까?"

잭 웰치는 이때 뒤통수를 한 대 얻어맞은 기분이었다고 회고

한다. 잭 웰치는 자신이 깨닫지 못했던 사실을 인정하고 즉각 시장의 범위를 재조정했다.

뛰어난 지적을 받아들이는 것은 뛰어난 지적을 하는 것보다 어렵다. 자존심과 연관되어 있기 때문이다. 자존심보다 중요한 것을 수용한 잭 웰치가 왜 GE의 지속적인 발전을 이끈 위대한 리더인가를 말해주는 사례다.

리더가 실행에 주저하는 주된 이유는 '혹시 내가 실패하면 어떡하지?'라는 걱정이 앞서기 때문이다. 자신이 틀렸다는 두려움과 주변의 시선에 대한 지나친 의식이 독한 실행을 가로막는다. 이런 걱정과 주저는 실행에만 온전히 집중해도 모자랄 정력을 분산시키고 결국 성공 확률도 떨어뜨린다. 준비과정에서 약간 부족하더라도 우선 실행해보고, 잘못된 부분은 즉시 고치겠다는 자세가 오히려 더 효과적일 때가 많다. 요즘과 같이 복잡하고 빠르게 변하는 환경에서는 더욱 그렇다. 완벽주의가 아닌 완벽을 추구하기 위해 실행 자체에 몰입하는 것이 진짜 독한 리더의 모습이다.

위기를 반드시 기회로 만들어라

"주사위는 던져졌다"라는 말은 로마제국의 시저가 루비콘강을 건너면서 남긴 말이다. 갈리아 지방을 정복한 시저가 수많은 승리와 전리품으로 인기를 얻게 되자, 당시 시저의 정적이었던 폼페이우스는 위기를 느끼고 원로원 귀족들을 꼬드겨 시저를 모함한다. 로마 외곽지역까지 귀환한 시저에게 정복지 약탈에 대한 책임을 물어 무장해제와 재판에 응할 것을 요구했던 것이다.

정복지에서 개선하려다 한순간에 일생일대의 위기에 놓인 시저는 선택의 기로에 서게 된다. 폼페이우스 일파의 요구대로 군대를 해산하고 개인 자격으로 로마에 들어가는 것은 법을 지키는 것이었지만, 그것은 자신의 몰락을 의미하는 것이었다. 반대로 군대를 이끌고 루비콘강을 건너는 것은 폼페이우스와의 결전을 의미하는 반역이었다. 시저가 루비콘강을 단숨에 건너 부패한 로마를 새로 일으킨 원동력은 위기를 기회로 만드는 리더의 과감한 실행이 있었기 때문이다.

파멸이냐 기회냐

1934년, 한 무리의 중국 공산당 혁명가들은 국민당 장제스의 백만 대군에 쫓기고 있었다. 이들 스스로 위대한 퇴각이라는 의미에서 '대장정'이라 부른 후퇴였지만, 사실 희망이 보이지 않던 절체절명의 위기였다. 그런데 역사는 이들을 가혹하게 몰아붙였던 국민당이 아니라, 1년 이상 쫓겨다니며 굶주림과 죽음의 공포로 고통받던 공산당 혁명가들의 편이었다.

마오쩌둥, 저우언라이, 덩샤오핑 등 공산당 리더들은 위기를 잘 활용할 줄 알았다. 집단 내에 머무르지 않고 농민과 일반인들로부터 인정과 지지를 받을 수 있도록 행동했다. 혹한의 추위나 심각한 기아, 상실감 등을 끈끈한 동료애와 성공에 대한 확신으로 이겨냈다. 서로 돕고 보완하면 더 강력한 힘을 가질 수 있음을 피부로 느껴나갔다. 결국 중국 공산당원들은 기나긴 퇴각의 여정을 통해 더 강인해지고 현명해지며, 풍부한 경험을 지닌 박식한 혁명가들로 성장했으며 그들의 결속력은 더욱 단단해졌다. 결국 승리감으로 도취된 국민당 정부를 몰아내고 이후 60여 년간 중국을 통치한 사람들이 바로 이때 대장정을 선도한 사람들이었다.

이처럼 위기는 위기 자체로 다가오지 않는다. 그 속에는 반드시 기회가 있다. 기회를 발견하느냐 못하느냐에 따라, 그리고 어떻게 활용하느냐에 따라 위기가 파멸로 끝날 수도 있고 새로운 성공의 발판이 될 수도 있다.

애플에 복귀한 잡스는 눈앞에 몰려오는 위기 속에서 새로운 도약의 기회를 찾았다. 잡스는 이때 이미 향후 미래에 펼쳐질 디지털 라이프 스타일에 대한 확신으로 위기에도 전혀 움츠러들지 않았다. IT 버블 붕괴로 인한 불황기에 다른 경쟁사들과 달리 애플은 R&D 예산을 증액했다. 나중에 펼쳐질 애플의 눈부신 성공은 이때 확보한 인재가 주도했다. 위기 속에서 애플 최대의 경쟁사였던 마이크로소프트의 빌 게이츠와 전략적 제휴를 맺는 기회를 움켜쥐기도 했다. 소송의 해결과 필요 자금 확보에 성공한 후 다른 컴퓨터 제조사들이 전략 상품으로 집중하던 PDA 대신 MP3 관련 하드웨어 전문가인 토니 퍼델을 채용하고 훗날 아이팟으로 불리는 제품 개발에 착수했다. 이처럼 애플이 잡스 이후 화려한 비상을 할 수 있었던 것도 위기가 만들어준 여건을 잘 활용한 리더십 덕분이었다.

제록스의 전 CEO 앤 멀케이는 조직 위기를 타개하기 위해 도덕성이라는 무기를 잘 활용한 리더다. 그녀가 CEO로 취임한 2001년은 전임 CEO 리처드 도먼이 해고되면서 180조 달러의 빚더미에 앉아 있던 제록스 역사상 최악의 시기였다. 이사회에 대한 지식조차 전혀 없었던 멀케이였지만 제록스에서 자신의 인생 대부분을 보내며 성장한 그녀는 자신의 사명을 받아들이기로 했다.

멀케이는 전임 경영진의 부도덕함과 불투명성, 방만함을 획기적으로 개선하는 윤리 경영이야말로 제록스의 부활에 기본이자 핵심 요소라는 강한 신념을 가졌다. 그랬기에 멀케이는 CEO가 되기 직전인 2000년 초에 언론에서 제록스의 사업 모델 전망이 어둡다는 솔직한 견해를 밝혔다. 정직이라는 자신의 신념에 부합한 행동을 일부러 보인 것이다.

멀케이는 매년 모든 구성원들에게 윤리 경영에 대한 자신의 신념을 전하는 편지를 썼다.

"…… 성과는 생존과 직결되기 때문에 중요합니다. 그러나 이와 똑같이 중요한 것은 그 성과를 이루는 과정입니다. 우리는 자신과 사업 운영을 최고 수준의 도덕적 레벨에 맞추어야 합니다. 법, 거래 규칙, 회사 정책에 따르는 것은 물론 우리의 핵심 가치에 철저히 맞추어야 합니다. 윤리 경영에서 우리에겐 다른 선택이나 변화를 추구할 권리가 없습니다. 윤리 이슈는 회사 전체와 개인에게 큰 손실을 가져올 수 있으며, 평판에 결정적일 만큼 중요하기 때문입니다. 따라서 모든 종류의 법, 규칙, 제도 위반은 회사 경영진에 의해 엄격히 취급될 것입니다. 우리는 이런 문제에 관한 한 조금의 관용도 베풀 생각이 없음을 밝힙니다."

2009년 CEO에서 물러난 멀케이의 독한 추진력은 채 10년도 안 되어 회사가 가장 도덕적인 상태로 안정되었다는 명예로운 평가로 되돌아왔다.

위기 속에서 기회의 싹을 발견하라

홈디포는 1978년 미국 아틀란타에서 버니 마르쿠스와 아더

블랭크가 공동으로 창업한 회사다. 집수리는 물론 가정용품 구비와 집안팎 손질을 스스로 하는 데 익숙한 미국 사람들에게 필요한 모든 종류의 자재와 공구들을 판매하는 회사다. 홈디포는 2000년대 초반까지 월마트의 성장률을 앞지를 정도로 고속 성장했지만, 2000년대 중반 시작된 경기 불황의 그림자에서 벗어나지 못하고 성장률이 정체되는 위기에 봉착하게 된다.

홈디포의 위기 탈출이라는 중책을 맡은 리더는 GE 출신의 로버트 나델리였다. GE에서 당시 수백만 달러의 발전 설비 사업을 관장하던 나델리가 단돈 10달러짜리 전구 판매에 신경 쓰는 소매 기업의 CEO로 취임하리라고 예상한 이는 별로 없었다. 그리고 과연 홈디포를 재기시킬 것인지에 대한 우려도 많았다.

나델리가 취임 후 위기 속에서 발견한 기회는 조직 문화에 있었다. 위계질서와는 거리가 먼 고객 중심의 열정과 헌신의 문화 자체는 나쁘지 않았으나 회사가 처한 새로운 경영 환경에 맞지 않다고 판단한 것이다. 자율적인 조직 풍토는 전국적 네트워크를 형성할 정도로 성장하여 비효율의 폐단을 양산하고 있었다. 각 매장들은 각 지역적 특성에 맞추는 것을 가장 우선시했고 결국 조직 전체의 유연성을 크게 떨어뜨렸다. 예컨대, 할인 행사나 품목을 지역마다 다르게 가져가니 고객 신뢰도 잃고 내부 직원들도 일하기 어려워졌다. 조직의 모든 부서들이 일은 열심히 하지만 조직 이기주의가 심했다. 자율성과 영업 이익에 지나치게 초점을 맞추다 보니 규모의 경제 효과를 누리기 어려워져 결국 이익 감소라는 결과로 이어지곤 했다.

나델리는 경영 환경에 맞는 조직 문화가 구축되어야 이전보다 훨씬 강한 조직이 될 수 있다고 믿었다. 그리고 조직 전체 목표의 공유를 강조했다. 그는 전사적 목표의식을 주입하기 위해 직원 교육 훈련에 특별히 관심을 기울였다. 반발에도 불구하고 꾸준히 밀어부친 교육의 성과는 곧 나타났다. 기존에는 단지 밝게 웃으며 고객을 맞이하는 것으로 만족했던 현장 직원들이 고객들의 문제를 상담하고 해결책을 제시하는 전문 컨설턴트로 변모했다.

홈디포의 현재 조직 문화는 5년 전과 전혀 다르다. 과거에는 매장 책임자의 자율성과 지역 특수성을 강조했다면, 지금은 전사적 관점의 프로세스적 접근과 데이터 중심의 책임감과 규율적 문화가 확고하다. 나델리는 조직이 위기에 처해 있을 때, 리더가 기회의 싹을 발견하고 조직의 문화를 바꿈으로써 그 기회를 활용할 수 있음을 보여준 독한 리더였다.

'변화를 거부하는 관성'을 거부하라

 존스홉킨스 의과대학 병원장인 에드워드 밀러 박사는 사람들의 90퍼센트는 '목숨이 걸려 있는 변화조차도 성공하지 못한다'라는 연구 결과를 발표한 바 있다. 해마다 미국에서만 약 60만 명의 사람들이 대체혈관 수술을 받고 130만 명의 심장병 환자들이 혈관형성 수술을 받고 있지만, 이 수술들은 일시적으로 가슴의 통증을 완화시킬 뿐 심장마비를 예방하거나 수명을 연장하지는 못한다고 한다. 반면, 생활 습관의 작은 변화만으로도 질병이 악화되는 것을 막고 통증이 재발해서 재수술해야 하는 경우를 피할 수 있다는 것이다. 그러나 수술을 받은 사람들을 추적해본 결과 90퍼센트 이상이 생활 습관을 바꾸지 못했다고 한다.

변화 없이는 발전도 없다는 것은 누구나 잘 알고 있지만 변화는 언제나 두렵고 또 불편하다. 그래서 웬만큼 큰 결심이나 계기 없이는 한 번 마음먹고도 도로 제자리가 되기 일쑤다. 세상에서 가장 어려운 일로 회자되는 것 중 하나로 금연이 있다. 몸에 해로운 것을 알고 끊고자 노력해도 성공하는 경우가 많지 않다. 그래서 정작 담배를 끊은 사람들은 '독하다'는 소리를 듣는다. 금연을 시도하다 실패해본 경험이 있는 사람은 그게 얼마나 힘든지 잘 알기 때문이다.

조직의 변화는 이에 비할 수 없이 힘든 여정이다. 그렇다고 변화 노력 없이는 조직의 성공도 없기에 포기할 수도 없는 일이다. 그래서 리더는 변화 관리에 특히 독해야 한다.

변화 면역과 성공 함정

조직에서 변화가 왜 어려운지를 25년간 연구한 하버드대학교의 로버트 케건 교수와 리사 라스코우 라헤이 교수는 최근 저서에서 '변화 면역Immunity to Change'이라는 개념을 소개한 바 있다. 조직에는 특정 변화에 대해 면역 체계가 형성되어 있기 때문에 어설프게 변화를 시도하거나 끝까지 집요하게 추진하지 못하면 결국 면역 체계를 이겨내지 못한다는 것이다.

HP의 전 CEO 칼리 피오리나는 조직을 위기에서 구하기 위해 투입된 구원투수였으나 조직의 강한 변화 면역 체계에 부닥쳐 실패한 리더 중 하나다. 칼리 피오리나는 AT&T와 루슨트테크놀로지를 거치면서 1998년 〈포춘〉에서 세계에서 가장 영향력 있는 여성으로 선정할 정도로 독한 리더십을 뽐냈다. 그러나 결국 PC 사업의 부진을 핑계로 변화에 두려움을 느낀 이사회의 사임 압력으로 중도하차하고 말았다. 대대적인 합병과 대량 해고, 그리고 수없이 많은 조직 개편으로 이전과 전혀 다른 조직으로 변화시키고자 했던 피오리나의 강한 드라이브도 결국 조직 내부의 변화 면역을 극복하지 못한 것이다. HP는 1999년 이래 12년 동안 8명의 CEO를 교체할 정도로 변화를 추구했지만 여전히 조직의 성공적인 변화는 요원하다는 평가다.

프리미어리그의 알렉스 퍼거슨 감독은 은퇴하기 전 칠순이 넘은 노장임에도 누구보다 끊임없이 새로움을 추구하는 리더였다. 그는 아무리 효과가 좋은 전술이라도 2~3년 이상 지속하는 법이 거의 없었다. 3관왕의 위업을 달성한 지난 1999년, 시즌이 끝나자마자 기존의 포메이션에 변화를 시도하여 축구 전문가들을 놀라게 한 것이 대표적이다. 사실 세계적인 선수들이 모인 팀이라 별다른 변화가 없어도 2~3년 정도는 상위권 성적을 유지하는 데 문제는 없었다. 그러나 그 정도에 만족하지 않았기에 퍼거슨은 항상 변화를 추구한 독한 리더로 인정받는다. 아무리 훌륭한 전술과 조직력이 있더라도 대응책을 찾아내려 안간힘을 쓰는 상대팀이 있는 한, 상대보다 한 발 앞서 변화해야 한다는 점을 퍼거슨은 잘 알고 있었던 것이다.

성공을 거둔 기업일수록 그 성공의 바탕이 된 기존 시스템을 손보기란 매우 어렵다. 흔히 '성공 함정success trap'으로 불리는 그물에 걸려 자신이 아는 성공 방식만 반복해서 시도하기 때문이다. 런던비즈니스스쿨의 도널드 설 교수는 시장 상황이 극적으로 변하는데도 기업이 과거의 성공 공식에 머물러 문제 해결을 어렵게 만드는 경향을 '활동적 타성active inertia'이라는 말로 표현했다. 특히 기존의 성공 공식을 체화한 카리스마 있는 창업자일수록 자신의 방식을 독하게 실행하는 것만이 회사를 살리는 길이라고 믿는 습성이 강하다. 그러나 성공했더라도 변화하지 않으면 곧 실패하고 만다.

성공을 경험한 조직일수록 변화를 거부하는 관성inertia이 크다. 자신도 모르게 과거의 방식이 옳다고 믿는 것이다. 칼리 피오리나는 "새로운 아이디어에 대해 너무나 성급하게 '우리는 그런 식으로 하지 않는다. 그건 HP 방식이 아니다'라는 말로 제쳐버리는 일이 다반사였다"라며 위기의 조직을 변화시키기가 어려웠음을 토로하기도 했다. 곪은 환부를 도려내지 않고 기존에 해오던 대로 연고만 바른다면 치료가 더 어려워질 수 있는 법이다.

관행과 분위기를 의심하라

미국 캘리포니아 주 에스콘디도 지역에 있는 DMV Department of Motor Vehicle는 리더십 구루 켄 블랜차드가 자주 언급하는 조직 변화 성공 사례다. 면허증 갱신을 위해 DMV에 들른 블랜차드는 과거 경험으로 볼 때 3시간은 족히 걸릴 줄 알았지만 불과 9분 만에 새 면허증을 발급받게 되자 조직에 어떤 변화가 있었는지 궁금해졌다. 질문을 받은 직원들은 대답 대신 새로 부임한 소장을 소개했다. 새 소장은 "나의 임무는 시민들이 필요한 도움을 최대한 빠르게 받을 수 있도록 필요에 따라 순간순간 부서를 재정렬하는 것"이라고 했다. 그는 전 직원이 면허시험장의 모든 업무를 수행할 수 있도록 교육했다. 갑자기 시민들이 들이닥쳐 도움이 필요한 고객이 눈앞에 줄지어 선 상황이 벌어지면, 회계 담당자든 비서든 모든 직원이 빨리 고객을 맞아야 한다고 생각했기 때문이다. 심지어 11시 30분부터 2시까지는 직원들이 점심을 먹지 말도록 조정했다. 그 시간이 바로 시민들이 가장 많이 몰려오는 시간이기 때문이다. DMV는 리더 한 명이 바뀌었을 뿐인데도 과거와는 전혀 다른 조직이 되어버렸다.

BMW코리아를 이끌고 있는 김효준 사장은 최초의 현지인 BMW 법인 사장, 아시아인 최초 BMW 본사 임원, 국가별 최초의 벤츠 판매량 추월 등 신기록의 보유자다. 그리고 그는 관행과 분위기를 배척하는 '변화에 독한' 리더다. 국내 수입자동차 시장에서 BMW의 위상은 최근 괄목상대하다. 2000년 연간 300대 남짓이던 판매량이 이제는 연간 3~4만 대는 기본이 되었다. 실적 향상 100배 이상으로 수입차 1위 업체의 위상도 확고하다.

김 대표는 늘 껍데기가 아닌 실제를 향한 새로운 변화를 갈구한다. 매년 자동차회사들이 새로운 자동차에 대한 마케팅, 판촉, 세일즈를 위해 개최하는 모터쇼에 대한 그의 태도는 이를 잘 보여준다. 2000년대 초, 경기 불황으로 예산에 압박을 받게 된 김 대표가 일산 킨텍스에 열리는 연례 모터쇼에 BMW의 불참을 결정했다. 그러자 이 행사에 이해관계가 얽혀 있던 관공서, 언론사로부터 엄청난 압력과 비난이 쏟아졌다. 김 대표는 가치측정이 어려운 연례행사인 모터쇼에 대한 생각도 바뀌어야 한다고 믿었기에 묵묵히 비난을 감수했다.

수십억 원을 투자해서 수십만 명의 관람객을 유치해도 실제 판매로 이어지는 사례는 몇 건에 불과한 모터쇼 대신, 김 대표는 새로운 모터쇼를 계획했다. 구매 타깃이 되는 고객 500명만 추려 한 시간에 한 명씩 초대하는 BMW만의 맞춤형 모터쇼를 계획한 것이다. 비용은 모터쇼의 10분의 1에 불과했다. 클래식 연주를 감상하고 옆방으로 이동해서 전문가로부터 BMW의 최신 모델을 일대일 맞춤식으로 설명을 듣는 고객의 감동과 만족도는 모터쇼와 비교되지 않는다. 단 며칠간의 새로운 맞춤형 모터쇼로 수백 건의 계약을 성공시켰음은 물론이다.

바꾸지 않는 것을 일관되고 독한 것으로 오해해서는 곤란하다. 판단이 틀렸다고 생각될 때, 빨리 인정하고 바꾸는 것이야말로 진정한 독한 리더십이다. 하던 대로 하겠다고 말하는 것은 쉽지만 자신의 과오를 솔직하게 인정하고 비난을 감당하는 데에는 큰 용기가 있어야 하기 때문이다.

파나소닉의 나카무라 쿠니오 회장은 2000년대 중반까지만 해도 '경영의 신 마쓰시타 고노스케의 부활'이라고 언론에서 일컬어질 정도로 신뢰를 얻은 리더였다. 그런데 나카무라 회장은 이미 2005년에 전문가들에 의해 TV산업에서 LCD와 PDP의 대결은 결론이 났음에도 불구하고 자신의 판단을 지나치게 확신하여 "PDP TV에 사운을 걸겠다"라고 외치며 투자를 확대했다. 2007년 단일 공장으로는 세계 최대였던 PDP 공장을 아마가사키에 건설하며 주목을 받기도 했다. 어쩌면 자신의 판단을 추호도 의심하지 않았거나, 아니면 이미 되돌리기에는 너무 늦어 차라리 기존 결정에 더 승부를 거는 선택이었는지도 모른다.

나카무라 회장의 뒤를 이은 오오츠보 후미오 사장 역시 점점 목소리를 높이는 현장의 신중론에 대해 "투자 경쟁에서 지면 비용 경쟁력, 시장 점유율에서도 지게 된다"라고 일갈하기도 했다. 후미오 사장도 전임자의 판단을 뒤집을 정도로 독하지는 못했다. 결국 거액의 투자는 실패했고 이제 파나소닉은 적자의 눈덩이가 커질 대로 커져가고 있다. 최근 2년간의 적자 규모가 지난 20년간 이익 규모를 합친 것과 맞먹을 정도로 회사의 미래가 불투명해질 지경에 이르렀다. 파나소닉의 사례는 리더의 잘못된 판단을 바꾸고 수정하는 것이 얼마나 어려운지, 그리고 그 결과가 몰고온 파장이 얼마나 큰지 잘 보여준다.

올바른 신념과 원칙에 타협하지 마라

    2차 세계대전 당시 북아프리카 전선에서 '사막의 여우'로 불린 롬멜은 히틀러에게 전쟁 종식을 고언하기까지 했던 나치 독일의 존경받는 지휘관이었다. 그는 다른 나치 지휘관과 달리 병사들의 식사까지 챙길 정도로 세심한 리더였으며 전투에서는 기상천외한 작전으로 연합군을 두려움에 떨게 한 뛰어난 장수였다. 그러나 그는 스스로 제어할 수 없었던, 리더십의 목적과 방향성에 오류를 가지고 있었다. 결국 롬멜은 전쟁광 히틀러에게 자살 명령을 받는 것으로 생을 마감한 불행한 리더가 되었다.

롬멜을 죽인 히틀러나, 그 못지않게 많은 사람을 학살한 스탈린, 사담 후세인, 그리고 일본 제국주의의 광기는 잘못된 독함의 참혹한 결과를 보여준다. 독한 리더십은 무엇보다 그 지향하는 바가 보편적 정의와 사회적 가치에 부합해야 한다. 엔론이나 월드컴 같은 기업을 파산시켜 수많은 사람을 고통 속에 빠뜨린 리더들은 독했을지는 모르지만 그 가치관이 올바르지 못했기에, 최소한의 도덕성도 지키지 못한 최악의 리더로 기억되는 것이다.

이익보다 옳음을 추구하라

독한 리더십은 능력과 열정보다 어떤 사고방식을 지녔는가가 더 중요하다. 일본 교토의 대표기업 교세라를 창업하여 글로벌 기업으로 성장시킨 이나모리 가즈오는 여러 강연에서 '일의 성과는 재능, 열의, 사고방식, 이 세 가지의 곱하기'라는 주장을 편다. 여기서 재능에 0~30점, 열의에 0~70점, 그리고 사고방식에 −100~100점까지 점수 변동 폭을 매긴다. 가즈오 회장은 사고방식이 잘못되면 아무리 큰 성과를 내어도 성공한 것이 아니라는 점을 특히 강조하고자 했던 것이다.

미국 미시건 주에 기반을 둔 기업 허먼밀러는 1923년 D. J. 디프리에 의해 설립된 가구제조 회사다. 이 회사는 최근 많은 경영 전문가들이 세계적인 모범기업으로 평가하여 주목을 받았다. 허먼밀러가 이런 평가를 받은 데에는 경영 활동에서 이뤄지는 수많은 선택의 기로에서 언제나 '이익이 되는 것'보다 '옳다고 생각하는 것'을 추구해왔기 때문이다. 허먼밀러의 리더들은 지구의 환경을 보호하는 기업이 되겠다는 신념으로 모든 업무 처리와 결정에서 끊임없이 스스로를 점검한다.
　허먼밀러의 대표적 제품으로 임스^{Eames}라는 의자가 있다. 장미나무로 외장을 마감한 이 독특한 의자는 가격이 2,277달러나 되는 고가였지만 세계적으로 수요가 넘치는 인기 제품이었다. 1990년, 임스 의자에 대한 사내 평가가 있었는데, 당시 제품 개발 담당자였던 빌 폴리라는 직원이 제품의 생산 과정에서 미처 알지 못했던 중요한 사실 하나를 발견했다. 바로 이 의자에 사용되는 장미나무가 멸종 위기에 처해 있는 나무라는 것이다. 그는 이 사실을 곧바로 CEO였던 리처드 러치에게 보고했는데, 러치는 아무런 망설임 없이 이미 가공해놓은 재료를 다 사용하고 나면 더 이상 장미나무를 사용하지 말라고 지시했다. 당시 허먼밀러의 인기 제품이었던 임스 의자는 그렇게 생산이 중단되고 말았다.

이익보다 옳은 것을 중시하는 허먼밀러의 점검은 이뿐만이 아니다. 목재를 가공하는 과정에서 독성 물질인 솔벤트가 발생하는 것을 발견하자 즉시 이를 소각하기 위해 소각로를 설치했다. 두 곳에 설치한 소각로는 미국 대기오염정화법이 요구하는 수준보다 훨씬 높은 처리율(98퍼센트)을 위해 일반적인 소각로 설치 비용보다 훨씬 큰 80만 달러라는 막대한 비용이 들었다. 이사회에서 기준치보다 높은 처리율을 기록하면서까지 막대한 비용을 쓸 필요가 있었냐고 질책하자, CEO 러치는 "그것은 우리가 윤리적으로 올바른 결정을 내리기 위해 스스로 점검한 결과였습니다"라고 망설임 없이 대답했다.

올바른 신념과 원칙이 위기를 극복한다

허먼밀러에도 위기가 찾아온다. 1980년대 후반부터 시작된 가구업계의 치열한 경쟁은 고가의 제품군을 형성하던 허먼밀러의 성장을 둔화시켰다. 사무실용 가구시장의 포화, 컴퓨터의 발달에 따른 사무실 공간 축소 등이 겹쳐 1992년에는 창사 이래 처음으로 적자를 기록하기도 했다.

그럼에도 이들의 올바른 목표를 위한 정진은 결코 변하지 않았다. 그리고 이들의 신념은 고객의 신뢰로 보답받았다. 허먼밀러가 열대우림에서만 나는 장미나무를 의자의 재료로 사용하지 않겠다고 밝혔을 때 고객들은 다른 재료를 사용한 제품을 아무 불평 없이 지속적으로 구매했다. 운도 따라주었다. 1990년대, 지구 환경 이슈가 크게 제기되자 동종 기업들이 윤리적 시험대에 올랐지만 허먼밀러는 상대적으로 주가를 높일 수 있었다. 또한 그들이 '과도한' 비용을 들여 설치했던 소각로를 활용하여 폐쓰레기 소각 에너지를 이용한 냉난방 시설을 만들 수 있었고, 이는 경비 절감으로 이어졌다.

오늘날 허먼밀러는 그 자체가 전 세계를 대표하는 가구 브랜드다. 허먼밀러는 '훌륭한 일터운동'의 창시자이자 경영 컨설턴트인 로버트 레버링 박사의 '일하기 좋은 미국 100대 기업' 안에 올라 있고, 〈포브스〉가 선정한 플래티넘 리스트Platinum List(장단기 성장과 수익 면의 평가에서 모두 엄청난 위기를 극복해낸 기업)에도 그 이름을 빛내고 있다. 옳은 신념과 원칙을 지키기 위해 한 순간도 방심하지 않고 자신을 점검해나간 독한 실행력, 독한 리더십이 있었기에 허먼밀러는 어려움을 이겨내고 조직의 가치를 지켜낼 수 있었다.

독하다는 소리를 듣는 리더 가운데 비난과 외면을 받는 리더가 많다. 대부분 열정은 독했지만 사고방식에서 옳지 못했기 때문이다. 겉으로 드러나는 것, 타인에게 보여주는 것들에만 독해서는 곤란하다. 정작 자신과 관계된 일이나 드러나지 않는 일에 타협 없이 옳은 신념과 원칙을 지켜나갈 때 독한 리더로 인정받을 수 있다.

인격의 성숙함을 목표로 삼아라

　새뮤얼 스마일즈는 대표적인 저서 《인격론》에서 "성공하는 사람들의 공통점은 천재성이 아니라 훌륭한 인격이다. 천재성은 감탄을 자아낼 뿐이지만 인격은 끊임없는 존경심을 불러일으킨다"라고 말했다. 《인격의 힘》의 저자인 론 시몬스는 수많은 기업의 리더들과 인터뷰한 후 다음과 같은 결론을 내렸다. "리더십에 대한 토론은 대개 능력과 경쟁에 대한 이야기로 시작되지만, 결국은 한 개인의 인격과 성실성에 대한 이야기로 끝을 맺는다."

미국 예일대학교의 석좌교수 폴 케네디 역시 "21세기 기업가나 정치가는 성직자에 준하는 고도의 도덕성을 지닌 사람이어야 하며, 경영자의 도덕성이 기업의 성패를 좌우한다"라고 주장한다.

리더의 인격이 중요하다는 점을 강조하는 것은 학자들만이 아니다. 실제 경영 현장에서 탁월한 성과를 올린 리더들 역시 인격의 중요성을 공통적으로 강조한다. 일례로 일본에서 살아있는 최고의 경영자로 존경받는 교세라의 이나모리 가즈오 명예회장은 "리더가 고고한 인격과 도덕성을 갖출 때 구성원들이 존경과 신뢰로 보답한다"라며 기업의 흥망성쇠는 궁극적으로 기업가의 사람됨에 달려 있다고 말한다.

우리나라의 대표적인 벤처기업 성공 신화를 쓴 안철수 씨는 "벤처기업의 성공에서 핵심 포인트는 아이템이 아니라 벤처기업인의 사람 됨됨이다. 정직과 성실을 바탕으로 노력하는 것이 제일 중요하다"라고 말했다. 그 스스로 친인척을 경영에서 완전히 배제하고 투명하게 기업을 운영함으로써 성공한 리더로 인정받았다.

반면, 미국의 리처드 닉슨 대통령은 워터게이트 불법 도청 사건에 대한 은폐 시도로 도덕성에 큰 타격을 입고 결국 1974년 퇴진할 수밖에 없었다. 그가 역대 어느 대통령보다 큰 지지를 얻었고 재선에서는 60퍼센트라는 역사상 두 번째로 높은 지지율로 압도적인 승리를 거두었던 점을 고려하면 리더의 도덕성이 얼마나 중요한지를 잘 알 수 있다. 1996년 미국의 역사학자 36명이 역대 대통령의 업적에 대해 순위 조사를 했을 때 닉슨은 꼴찌를 기록했다. 많은 업적을 남겼지만 단 한 번의 도덕성 상실로 그는 한순간에 가장 실패한 리더의 대명사가 된 것이다.

어려운 상황일수록 인격적인 리더가 필요하다

2010년 지구 반대편에 있는 칠레의 산호세 광산에서는 수백만 인파가 전 세계의 관심과 함께 건장한 체격의 광부 한 사람이 지하 700미터 아래에서 지상으로 올라오는 모습을 주목했다. 70일간 생사의 갈림길에서 사투를 벌이고 살아 돌아온 매몰 광부 33인 중 마지막으로 구조된 작업반장 루이스 우르수아였다. 구조된 광부들이 가족과 포옹하는 기적 같은 생존 드라마는 TV로 중계되어 온 지구촌을 감동시켰다.

이런 기적을 보는 많은 사람들은 지하갱도의 리더 우르수아의 리더십에 큰 관심을 가졌다. 분란과 갈등이 생길 수밖에 없는 지하갱도에서, 얼마 남지 않은 음식과 물을 나누어 먹으며 암흑

속에서 69일을 버티어낸 이들의 위대함은 그 리더에 대한 경외심을 불러일으키기에 충분했다. 구조 캡슐이 오자 섭씨 35도의 막장에서 가장 나중 순서를 자처하여 마지막으로 지상에 올라온 우르수아는 구조 현장에 마중 나온 칠레의 대통령으로부터 "33인의 위대한 캡틴"으로 호명되었다.

사실 우르수아는 산호세 광산에서 일을 시작한 지 두어 달밖에 안 된 신참이었다. 그러나 작업반장 우르수아의 독한 리더십은 금세 32명의 다른 매몰 광부 전원으로부터 인정받았다. 우르수아는 33명 전원의 생존 귀환이라는 절대 목표를 다른 모든 것보다 우선하여 조직을 이끌었다. 전원 생존을 위해서 적절한 역할과 규칙적 생활이 가장 중요함을 인식한 그는 33명 모두에게 '간호사', '기록자', '오락반장', '정신적 지주' 등 고유한 역할을 부여했고 대피소 벽에 전체 조직도까지 그려 두었다. 제 시간에 일어나기, 시간에 맞춰 기도하기 등 소소한 규율이 지켜지도록 했고 게임을 통해 우울해지지 않도록 독려했다.

지상 의료진의 끊임없는 건강 체크가 오히려 광부를 지치게 함을 간파하고 의료팀 전화를 짧게 끊는 과감한 결단도 보였다. 아내 출산 예정일을 1주일 앞둔 광부에게 먼저 메시지를 전달하도록 배려하는 자상함도 보였다. 더 나아가 광부들의 팔로워십에 스스로 감동하고 겸허함을 느꼈다고 말했다.

절대 공포의 상황에서 보여준 우르수아의 담력은 조직을 살렸다. 최초로 연결된 구조 통화에서 그는 "살려달라"는 절규가 아닌, 사고 직전 지상으로 대피한 광부들의 생사부터 물었다. 구조되기 하루 전 영국의 〈가디언〉과 인터뷰할 때는 한 번도 겪어보지도 못한 상황을 두고 "광부의 삶이 원래 그렇지요"라는 농담을 할 정도였다.

우르수아는 한 개인의 인격적 성숙함이 극한 상황에서조차 얼마나 많은 사람들을 감동시키는지 잘 보여준다. 독한 리더십이 정말 필요할 때는 이처럼 어려운 상황일 경우가 많다. 그렇기에 인격적 성숙함 없이는 독한 리더십도 성공하기 어렵다. 《굿 보스 배드 보스》의 저자 스탠포드대학교 로버트 서튼 교수는 "우르수아는 최고의 리더가 갖는 자비 등 모든 덕목을 겸비한 위대한 리더다. 극단적 공포와 마주선 건장한 사내 33명을 이끌며 반목과 분쟁이 아닌 인내와 희망의 시간으로 바꾸는 리더십을 분명하게 보여주었다"라고 극찬했다.

인격적인 수양도 독해야 가능하다

　독해진다는 것은 인격을 포기하는 것이 아니다. 오히려 가장 독한 리더는 인격적으로 성숙하다. 시대를 막론하고 성공한 사람들에게는 한결같이 훌륭한 인격이 자리잡고 있다. 한낱 농부 출신이었던 유방이 천부적인 장수였던 항우를 제치고 천하를 얻을 수 있었던 데에는 주변의 인재들을 신뢰하고 포용함으로써 그들이 능력을 발휘하도록 만들었던 훌륭한 인품이 있었기 때문이다. 일본 전국시대 문무를 겸비한 무사 출신 미쓰히데는 타인의 결점을 먼저 보는 반면, 짚신장수 출신의 히데요시는 다른 사람의 장점을 보는 습관이 있었다고 한다. 결국 훌륭한 인품을 지닌 히데요시는 그의 인품을 보고 몰려든 인재들 덕분에 노부나가의 뒤를 이어 일본 전국시대의 패자가 될 수 있었다.

　리더의 성숙한 인품은 타고난 것이 아니다. 리더 스스로 끊임없이 노력했기에 얻을 수 있었던 결과다. 미국인이 가장 존경하는 대통령인 에이브러햄 링컨은 젊은 시절 급한 성격에 남을 비판하는 독설가로 유명했다고 한다. 그러했던 그가 자신의 단점을 정확히 인식하고 고치기 위해 부단히 애쓴 결과 어느덧 남들로부터 훌륭한 인품의 소유자로 인정받게 된 것이다. 일례로 링

칸은 자신이 감정을 억제하지 못하고 내뱉은 말에 타인이 상처받는 상황을 인식한 뒤로는 절대로 감정이 격한 상황에서 쓴 편지는 바로 부치지 않았다. 반드시 며칠간 서랍에 보관한 후 다시 읽어보고 냉정한 감정으로 글을 고치고 나서야 부치는 습관을 들였다고 한다.

구성원들에게 인정받는 실력을 길러라

리더십을 역량 관점에서 접근하는 연구는 세 가지 중요한 역량을 제시한다. 기술 역량(업무 역량), 인간 역량(관계 역량), 관념 역량(개념 역량)이 그것이다. 리더는 초급 레벨일수록 기술적 역량 또는 업무적 역량이 중요하다. 또 CEO나 경영진처럼 고위 레벨로 올라갈수록 복잡한 문제와 아이디어의 전략적 개념화와 같은 역량이 중요해진다.

현대와 같이 기술적 복잡성과 난이도가 높아지는 시대일수록 리더가 기본적인 업무 역량이나 기술 역량에서 부하들로부터 인정받지 않고서는 독한 리더십을 발휘하기 어렵다. CEO 정도의 고위 레벨이 아니라면 더욱 그렇다. 애플의 스티브 잡스나 교세라의 이나모리 가즈오는 누구보다 디테일에 강했기에 그들의 지휘는 영향력을 발휘했다. 리더는 특정 분야의 전문성에서 최고가 될 필요까지는 없어도 전체 업무 흐름의 맥을 짚을 수준 이상의 업무 역량이 있어야 경험을 통해 개념 역량을 향상시킬 수 있다.

실력으로 독해져라

캐나다 최대의 곡물 유통기업인 비테라의 CEO 마요 슈미트는 자신의 부족함을 메우기 위해 부단히 공부하는 리더다. 2007년 150만 달러 상당의 부채를 해소한 슈미트는 다시 하버드대학교 농업 전문가 과정에 등록해 자신이 잘 모르는 산업의 기본 지식을 공부했다. 슈미트는 자신의 전략을 공유할 때도 전체 임직원들과 워크숍 등을 열고 실무자들과도 자주 어울림으로써 이론과 실제의 거리감을 없애는 데도 열중했다. 회사에 개인 사무실도 없애고 여러 임원과 같은 방을 쓸 정도로 지위나 격식에 얽매이지 않았다. 그의 노력은 2007년에 1,165억 원이던 순이익이

2009년에 2,883억 원으로 늘어난 회사 성장을 지휘할 수 있었던 리더십의 밑거름이 되었다.

그런데 어느 레벨의 리더이건 인간관계에 대한 역량은 동일하게 중요하다. 리더에게 인격이 중요한 이유도 여기에 있다. 리더의 품성과 인간미는 리더가 지녀야 할 가장 중요한 실력이다.

인격은 좋은 태도에 그치지 않고 리더로서 반드시 필요한 실력을 기르게 해준다. 실력이라는 것은 태도 여하에 따라 급속히 성장하기도 하고 정체되거나 떨어지기도 한다. 다시 말해 실력의 성장 속도가 태도에 달려 있다. 영국 프리미어리그에서 성공가도를 열었던 박지성 선수는 모범적인 인품과 성실한 태도의 대명사다. 특출한 기술은 없지만 활발한 활동량, 경기 흐름과 공간에 대한 탁월한 이해력, 한국 축구의 표준과도 같은 투지 넘치는 플레이 등이 그를 수식하는 주된 표현들이다. 박지성 선수는 결국 그러한 태도를 자신만의 뚜렷한 강점으로 승화했다. 세계 최고의 클럽 맨체스터 유나이티드 주축 선수로 자리매김할 수 있었던 것은 이런 성실한 태도로 특징지어진 그만의 스타일 덕분이었다. 박지성 선수가 국내 최고의 축구 실력을 가졌다는 데에 전문가들 사이에서도 거의 이견이 없다.

박지성 선수의 예를 하나만 더 들어보자. 그는 고등학교를 졸업하던 시기만 해도 뽑아주는 대학이 없을 정도로, 실력이 뛰어난 편은 아니었다. 전문가들은 그의 실력이 괄목상대할 수 있었던 비결을 태도에서 찾는다. 축구를 잘하기 위해 무조건 공만 많이 차는 것이 아니라 이미 초등학교 때부터 매일의 연습 내용을 분석하고 메모로 기록할 정도로 체계적인 훈련 습관을 몸에 들인 점이나, 당장의 처지를 비관하거나 주위의 시선에 일희일비하지 않는 올곧은 마음가짐, 그리고 언제나 미래에 대해 희망과 자신감을 잃지 않는 긍정적 사고방식 등이 그것이다. 《태도》의 저자 존 맥스웰이 "태도는 과거가 쌓여져 만들어진 현재의 모습이면서 동시에 미래를 알려주는 예언자다"라고 말한 내용이 그대로 들어맞는 경우라 하겠다.

태도가 실력이다

더 중요한 것은 좋은 태도가 곧 좋은 실력이라는 점이다. 예컨대 해병대가 강조하는 강한 정신력은 태도이면서 실력이기도 하다. 고객을 직접 상대하는 직원이나 콜센타 직원들이 갖추어야 할 실력은 고객을 응대하는 태도가 핵심이다. 상위 직급으로 올라갈수록 좋은 인격과 좋은 태도는 그 자체가 훌륭한 리더십이자 리더의 실력이다.

  2012년 6월, 재위 60주년 다이아몬드 쥬빌리를 맞았던 영국 여왕 엘리자베스 2세의 인격을 보여주는 일화가 있다. 여왕의 만찬에 초대받은 중국 관리들이 핑거볼finger bowl에 담긴 손 닦는 물을 차인 줄 알고 마신 적이 있다. 이때 주변 사람들이 여왕의 표정을 살피는 가운데 여왕은 아무렇지도 않은 듯 자신의 핑거볼에 담긴 물을 마셨다고 한다. 중국 관리들이 당황하거나 민망해하지 않도록 행동한 것이다. 이런 여왕의 인격과 품위는 단지 상대방을 배려하는 태도나 매너에 그치지 않는다. 한 국가를 대표하는 리더로서 뛰어난 외교 실력을 보여준 것이다.

  엘리자베스 2세의 인격이 실력으로 인정받는 더욱 중요한 이유는 생애 전반에 걸쳐 보여준 리더로서의 태도 때문이다. 전쟁이 막바지로 치닫던 1945년에는 영국 여자국방군에 입대하여 군용 트럭을 몰며 구호품을 날랐다. 여성 왕족 가운데 다른 병사들과 동등한 훈련을 받으며 군 복무를 한 사람은 현재까지 그가 처음이자 유일하다. 60년이 넘도록 총리 12명과 매주 독대해왔지만 정치 불간섭주의를 지키는 데 있어서만큼은 한 치의 흐트러짐도 없었다. 1992년 11월 20일, 윈저 성의 대형 화재에 따른 천문학적인 보수비를 정부에서 지급하는 문제와 관련해 영국 사회에서 논란이 일자, 1993년 왕실의 면세 특권을 스스로 포기하는 솔선수범을 보여주었다.

엘리자베스 2세가 보여준 리더로서의 실력은 영국 국민이 그녀를 역사상 가장 위대한 국왕으로 꼽는 이유를 말해준다. 오늘도 영국 국민은 엘리자베스 2세가 96세가 되는 해인 2022년, 여왕의 재위 70주년을 기념하는 플래티넘 쥬빌리가 열릴 수 있기를 간절히 기다리고 있다.

파나소닉의 창업주 마쓰시타 고노스케는 일본에서 '경영의 신'으로 추앙받는 기업가다. 어렵고 힘든 가난한 어린 시절을 자신을 단련하는 기회로 삼았기에 성공할 수 있었다고 회고하는 그의 말 속에서 리더의 실력이 되는 태도를 발견하게 된다.

"첫째, 나는 가난 속에서 태어났기 때문에 어릴 때부터 구두닦이, 신문팔이 등 많은 세상 경험을 쌓을 수 있었다. 둘째, 나는 약하게 태어났기 때문에 건강의 소중함을 일찍 깨달아 몸을 아끼고 건강 유지에 힘썼기에 늙어서도 건강할 수 있었다. 셋째, 초등학교 4학년 때 중퇴했기 때문에 항상 이 세상 모든 사람을 나의 스승으로 받들어 배웠기에 많은 지식과 상식을 얻을 수 있었다. 가난하고 건강치 못하고 배우지 못한 여건은 나를 이만큼 성장시키기 위해 하늘이 준 시련이라 생각하고 감사한다."

조직과의 일체감을 기본으로 여겨라

몇 해 전 8회 연속 월드컵 본선 진출을 노리던 한국 축구 국가대표팀의 감독이 본선 진출에 성공할 때까지만 감독직을 수행하겠다고 미리 말해 언론의 도마에 오르내린 적이 있다. 리더가 조직과 끝까지 가지 않겠다고 선언한 것이다. 더구나 평소 "경기에 지는 것은 용서해도 팀 분위기가 망가지는 것은 절대로 용납하지 않는다"라고 누구보다 강조했던 감독이었기에 언론과 팬들의 비난은 가혹했다. 리더가 끝까지 함께하지 않겠다고 선언한 터에 선수들이 똘똘 뭉치기보다 서로 끈끈한 유대감이 없어 보이는 것은 어쩌면 당연했다. 팬들은 경기마다 불안해했고 전문가들은 경기력 비판에 열을 올리기에 바빴다.

반대로 런던올림픽에서 사상 최초로 동메달을 획득한 홍명보 감독은 조직 일체감의 중요성을 잘 보여주었다. 홍명보 감독은 막중한 부담감에도 조직의 성패와 자신의 미래를 하나라고 언론에 말하곤 했고 선수들 역시 운명공동체 의식을 가졌다. 조직 일체감의 하이라이트는 마지막 경기인 동메달 결정전에서였다. 두 점 차로 한국이 리드하던 후반 44분, 종료 1분을 남겨두고 수비수 김기희 선수가 교체되어 들어갔다. 런던올림픽에서 최종엔트리 18명 중 4강전까지 유일하게 그라운드를 밟지 못했던 김기희 선수가 경기를 뛰고 나자 모든 팀원에게 승리의 기쁨은 두 배가 되었다.

김기희 선수의 출장은 병역 혜택이라는 선물을 한 명도 빠지지 않고 멤버 전원이 받도록 세심하게 배려한 홍명보 감독의 작품이었다. '사상 첫 메달 획득'이라는 중차대한 목표로 선수를 배려할 여유를 두기가 쉽지 않았지만, 홍명보 감독은 경기력 못지않게 조직 일체감에 높은 비중을 두었다. 그가 기회가 있을 때마다 "우리 팀의 강점은 조직력"이라고 외쳤던 것도 같은 이유에서다.

자신과 조직의 성패를 동일시하라

　아일랜드 출신의 영국 탐험가 어니스트 섀클턴은 1914년 남극 탐험 중 배가 난파되자 사투 끝에 모든 대원을 634일 만에 무사 귀환시킨 인물이다. 남극점 정복이라는 목표를 이루지 못한 실패한 리더였음에도 오늘날 섀클턴의 리더십은 크게 재조명되고 있다. 비슷한 시기에 탐험에 나섰던 다른 배들 상당수가 선상 반란 등의 참혹상을 겪었던 데 비해, 2년 동안이나 사지에 몰려 있던 대원들이 한마음으로 생존에 성공했기 때문이다.

　섀클턴은 부상자들을 포함한 대다수 선원들을 남극의 엘리펀트 섬 빙하 속에 남겨두고 부하 두 명과 함께 작은 보트를 저어, 800마일 떨어진 남아메리카 사우스 조지아까지 구조 요청을 위한 항해를 시도했다. 이것은 극도의 위험과 고난이 따르는, 실로 목숨을 건 시도였지만 부하들을 구하기 위한 유일한 방법이었다. 결국 수개월을 믿고 기다렸던 부하들은 "제군들, 배에 올라타라!"라는 섀클턴 선장의 명령을 꿈속이 아닌 현실에서 들을 수 있었다. 동상으로 고생하던 선원들이 지옥과 같은 상황을 이겨낸 힘은 섀클턴이 보여준 조직 일체감에 대한 믿음이었다.

　얼마 전 영국 런던의 크리스티 경매에서 비스킷 한 개가

1,250파운드(약 230만 원)에 팔렸다는 보도가 있었다. 바로 섀클턴이 1907~1909년 남극탐사 때 식량 부족으로 고통을 겪던 동료 프랭크 와일드에게 자신은 아직 버틸 만하다며 내줬던 비스킷이다. 당시 와일드는 "수천 파운드를 준다 해도 이 비스킷을 팔지 않겠다. 섀클턴의 희생정신을 평생 잊지 못할 것"이라고 일기에 적었다고 한다.

노르웨이의 로알 아문젠이 영국의 로버트 스콧과 벌인 남극점 정복 경쟁에서 승리할 수 있었던 이유도 조직 일체감에서 찾아볼 수 있다. 아문젠은 대원들 체력이 소진되지 않도록 매일 15~20마일 행진을 고수했다고 한다. 날씨가 좋아도 20마일을 넘지 않았고 아무리 날씨가 나빠도 15마일 정도는 행진했다. 반면 스콧은 날씨가 좋은 날이면 체력이 고갈될 때까지 대원들을 혹사했고, 날씨가 나빠지면 텐트 안에 있었다. 짐 콜린스가 말한 위대한 조직의 성공 이유, 즉 '광적인 규율'이 아문젠의 조직에 살아 있었던 것이다.

리더라면 조직과 자신을 하나로 여기는 것에서부터 출발해야 한다. 지금 속해 있는 조직을 잠시 거쳐갈 많은 회사 중 하나로 여긴다면 어느 리더라도 독해질 수가 없다. 자신의 인생을 조직의 미래에 거는 완전한 일체감만이 본인도 느끼지 못하는 완벽한 헌신과 열정을 이끌어낸다.

피부로 느껴지는 조직 일체감

2004년 1월 미국 NBR 방송이 와튼 스쿨과 공동으로 '지난 25년간 가장 뛰어난 비즈니스 리더 25인'을 기획, 설문 조사를 실시한 바 있다. 여기서 최고의 리더로 선정된 인텔의 앤디 그로브는 "왜 인텔을 떠나 다른 도전을 찾지 않았는가?"라는 질문에 "내 생에 인텔 말고 다른 곳에서 일한다는 건 꿈도 못 꾸었다"라고 답한다.

배수진背水陣을 친 사람은 독함의 정도가 다른 법이다. 독한 리더로 조직을 성공시킨 사람들은 단 한 번도 자신의 조직을 '언젠가 떠날 조직'쯤으로 여기지 않았다. 앤디 그로브도 조직과 자신을 완전히 동일시함으로써 독한 리더십을 빛낼 수 있었다.

만약 이런 일체감이 창업자에게서나 가능하다고 생각한다면 진정으로 독한 리더가 되기 어렵다. 독한 리더십으로 GE를 초일류 기업으로 키운 잭 웰치는 "큰 기업의 리더가 해야 할 가장 큰 역할은 그 안에 작은 기업이라는 나무를 심는 것이다"라고 했다.

일본 제조업의 자존심이었던 소니의 최근 부진도 조직 DNA를 완벽하게 이해하지 못한 리더십, 즉 조직과 혼연일체가 되지 못한 리더에서 찾는 분석이 많다. 전 CEO였던 하워드 스트링거는 2005년 외부 인사로는 최초로 CEO에 임명된 리더였다. 그가 위기 극복을 위해 나름 불철주야 노력하던 초기만 해도 일본 언론은 장밋빛 전망을 앞다퉈 제시했지만, 지금은 스트링거에 대해 "급변하는 시장에서 살아남기 위한 비전과 전략도 제시하지 못했고 소니 부활의 믿음을 주는 데도 실패했다"라고 냉정한 기사를 싣고 있다.

항공업계에서는 사우스웨스트항공에 이어 주목받는 제트블루JetBlue가 있다. 미국 동북부 지역을 근거지로 하는 제트블루의 창업자이자 CEO인 데이비드 닐먼은 특유의 소통력으로 구성원들과 공감대를 이루고 있다. 브라질의 부유한 가정에서 태어난 닐먼이 다양한 배경의 구성원들과 일체감을 이루는 데에는 큰 노력이 필요했다. 닐먼은 어린 시절 주변의 슬럼가 등 사회의 극심한 빈부 격차를 목격하고 받은 충격으로, 자신의 인생관이 남 위에 군림하지 않는 평등의 철학으로 바뀌었다고 고백했다. 그는 출장 시 비즈니스석을 이용해본 적이 없다. 공항에 그를 마중 나오는 차량은 물론 없다. 제트블루 사 주차장에는 사장을 위한 지정석이 없으며 커피를 마시려면 닐먼도 휴게실로 내려와 직원들이 마시는 것과 같은 제품을 타 먹어야 한다. 그가 쓰는 사무용 가구도 직원들과 동일한 제품이다.

제트블루 항공기에는 하나의 좌석 클래스만 있다. 그는 플로리다와 뉴욕을 비행기로 자주 오가는데, 비행기가 일단 고도에 접어들면 통로 앞쪽으로 나와 마이크를 잡고 자기소개를 하며 승무원들과 함께 음식 서빙을 하곤 한다. 착륙 후 승무원들과 마찬가지로 기내 청소를 하고 나오는 것도 잊지 않는다. 이런 기회를 통해 그는 종업원이나 고객들과 직접 소통하며 조직 일체감을 만들어간다.

제트블루의 임직원이나 고객들은 이렇게 피부로 느끼는 소통 문화Touchy-feely에 감동한다. 제트블루의 임원인 짐 스몰은 "만약 당신이 매우 다정다감한 리더를 모시고 있다면, 당신도 아마 그처럼 하고 싶을 겁니다"라고 말하며 조직 내 하나가 되는 문화가 확산되었음을 증언한다.

한편, 조직 일체감은 리더에게 양날의 칼이 될 수 있다는 점도 기억해야 한다. 특히 사업을 일군 리더나 CEO의 위치에 오른 리더일수록 자칫 일체감이라는 생각으로 자신도 모르게 조직을 개인 소유물처럼 생각하는 경우가 있다. 부정 회계 사건으로 사라진 엔론이나 월드콤의 경우에서 볼 수 있듯이 리더의 잘못된 일체감은 개인뿐만 아니라 회사와 구성원들에게 돌이킬 수 없는 상처를 안겨준다. 짐 콜린즈가 "리더 혼자서는 좋은 기업을 위대한 기업으로 만들 수는 없지만, 회사를 망하게 하는 데는 어떤 리더라도 혼자면 충분하다"라고 한 말은 리더가 조직일체감과 관련해서 가슴에 새겨둘 명언이다.

포수에게 리더십을 배우다

    프로야구에서 강팀과 약팀을 구분하는 결정적인 포지션은 바로 포수다. 그라운드의 야전 사령관 포수가 중심을 잡아줄수록 그 팀의 플레이는 자연스레 안정감을 갖추게 된다. 미국의 아버지들이 아이들에게 야구를 가르칠 때 필독하는 《당신의 자녀에게 가르쳐줄 101가지 야구 이야기》라는 책에는 가장 영리하고 책임감과 희생정신이 있는 아이를 포수로 택하라는 충고가 있다. 언제나 아이들과 야구를 즐기는 야구의 본고장 미국에서는 포수야말로 리더십이 필요한 포지션이라는 생각이 당연하게 인식된다.

야구에서 포수는 남달리 경기를 바라보는 안목이 필요한 자리다. 전체 야수들을 바라보면서 경기하는 유일한 포지션이기도 하다. 투수를 포함한 8명의 야수가 모두 상대 타자의 방망이 끝만 바라보고 있을 때 포수는 그런 동료들의 움직임을 전체적으로 관찰한다. 마치 다수의 구성원들을 동시에 바라봐야 하는 조직의 리더와 같다. 또 포수는 남들이 보지 못하는 것을 봐야 한다. 수비수와 주자의 움직임, 투수와 타자는 물론이고 심판의 심리도 봐야 한다. 그리고 그 안에서 경기의 흐름을 읽고 맥을 짚을 수 있어야 한다. 포수는 투수나 유격수에 비해 겉으로 화려해 보이지 않는 포지션이다. 그러나 야구 감독에게 좋은 포수의 존재는 무엇과도 바꿀 수 없을 정도로 중요하다. 포수에게서 어떻게 독한 리더십을 배울 수 있는지 포수의 특징을 통해 살펴보자.

아르고스의 눈

좋은 포수의 제1조건은 넓은 시야다. 포수는 최소한 다섯 군데를 동시에 볼 수 있어야 한다는 말이 있다. 첫째, 투수와 항상 눈빛을 맞추고 있어야 한다. 언제 어떤 공을 던질지, 주자 견제 타이밍과 호흡을 가다듬을 타이밍을 어떻게 가져갈지 이심전심으로 알아야 하기 때문이다. 둘째, 벤치에서도 시선을 떼지 말아야 한다. 감독의 사인을 지속적으로 확인하고 투수와 수비수들에게 전달해야 하기 때문이다. 셋째, 타석에 들어서는 타자의 움직임도 놓쳐서는 안 된다. 작은 몸짓과 표정에서 허점을 찾아내 구질과 투구 패턴을 투수와 사인으로 의사교환해야 하기 때문이다. 넷째, 누상에 나가 있는 상대팀 주자를 주시해야 한다. 포수의 핵심 역량 중 하나가 도루 저지 능력이다. 투수의 투구 동작을 보면서 동시에 주자가 도루를 시도하는지를 정확히 추적하고 있어야 견제 사인을 내거나 도루를 저지할 수 있다. 마지막으로 그라운드에 퍼져 있는 자기 팀 수비수의 위치도 수시로 파악해야 한다. 타자의 성향에 따라, 혹은 작전상 투구 코스에 따라 수비수의 위치를 조정하거나 반대로 수비 작전에 따라 투구를 조절하는 최종 책임이 포수에 있다. 이 밖에도 상대팀의 벤치와 주루코치, 그리고 심판도 수시로 살펴야 하는 대상이다.

그리스 신화에는 몸 전체에 수백 개의 눈을 가지고 있는 괴물 아르고스가 나온다. 신들의 우두머리격인 제우스는 어느 날 지상에 아름다운 이오 공주를 발견하고 바람을 피우다 아내인 헤라에게 들통날 위험에 처하게 되자 이오 공주를 암소로 변신시킨다. 헤라는 이를 수상히 여겨 암소를 감시하도록 명하는데 이 명령을 받은 괴물이 바로 아르고스다. 신의 명령에 복종하여 아르고스는 잠을 잘 때에도 두 개의 눈만 감고 자면서 사방 경계를 한 순간도 게을리하지 않는다. 좋은 포수가 되기 위한 필수 조건인 폭넓은 시야를 가장 잘 설명해주는 표현이 바로 아르고스의 눈이라 하겠다.

동물의 세계에서 시야의 중요성을 보여주는 좋은 사례로 기린이 있다. 약육강식의 전쟁터인 아프리카 세렝게티 초원에서 야생동물들이 보여주는 생존 전략을 기업 경영의 시각으로 연구한 스티븐 베리는 저서 《세렝게티 전략》에서 습성을 배워야 할 동물 중 하나로 기린을 언급한다. 기린의 눈은 포유류 중 가장 크다. 크기만 큰 것이 아니라 6미터 높이에서 사방을 두루 살필 때 멀리 지평선에 있는 조그마한 움직임도 잡아낼 정도로 시력도 뛰어나다. 우두머리 기린은 아득히 먼 곳이라도 포식자를 발견하게 되면 미리미리 무리를 안전한 곳으로 이동시킨다. 종족 보존의 가장 중요한 전략 중 하나가 넓은 시야였던 것이다.

크건 작건 조직을 책임지는 리더라면 넓으면서도 깊은 시야를 확보해야 한다. 눈앞의 업무에만 매몰되어서는 안 되며 고객과 시장, 조직과 사람, 경쟁사와 미래 환경 변화까지 어느 것 하나 소홀히 여길 것이 없다. 특히 사람의 경우에도 우수한 인재에만 시야를 좁혀서는 곤란하다. 코닝의 HR 부사장인 리처드 오리어리는 한국에서 열린 2009년 글로벌 HR포럼에서 "1퍼센트의 핵심인재에만 집중하다 더 중요한 99퍼센트의 역량들을 잃을 수 있다"라고 지적한다. 리더는 조직 내부와 외부에서 일어나는 크고 작은 변화, 모든 팀원들의 일거수일투족을 살필 수 있어야 한다. 포수와 마찬가지로 리더에게도 아르고스의 눈이 필요한 것이다.

탁월한 심리전략가

포수는 투수의 심리 상태에 맞추어 가장 편안하게 볼을 받아주어야 한다. 또한 유능한 포수는 타자의 작은 숨소리나 습관적 몸짓에서 심리 상태를 간파하고 이를 역이용한다. 앉아 있는 포수의 등 뒤에 서 있는 심판의 심리도 간과해서는 안 된다. 스트라이크존 성향을 누구보다도 빨리 파악하여 코스를 공략해야 하기 때문이다. 이처럼 포수에게 있어 상대방 심리 파악과 활용은 성공적인 업무 수행에 필요한 핵심 역량 중 하나다.

포수는 팀 분위기를 주도하는 분위기 메이커가 되는 경우가 많다. 대부분의 포수들이 약간의 쇼맨십과 활달하고 밝은 성격을 지니고 있다. 뉴욕 양키즈의 전설적인 포수 요기 베라는 선수들이 심리적으로 위축될 때면 "끝날 때까지는 끝난 게 아니다"라는 유명한 말로 팀에 자신감을 불어넣어주었다고 한다.

상대방의 심리를 빠르게 간파하고 활용하는 능력은 리더가 반드시 익혀야 할 조건이다. 칭기즈칸의 유럽 정복 시발점이 된 호라즘(지금의 이슬람권) 전쟁 당시, 몇 달에 걸쳐 아시아 대륙을 가로질러 이동하느라 지친 부하들은 낯선 기후와 토양, 적은 수의 인원으로 자신감을 잃어가고 있었다. 이때 칭기즈칸은 우호적이던 아라비아 상인들을 통해 '항복하면 무사하지만 저항하면 무자비하게 도륙당한다'라는 소문을 내게 하여 호라즘 왕국에 공포 분위기를 조성했다. 그리고 이런 사실을 부하들에게 알리며 "적들은 이미 자중지란自中之亂에 빠졌다"라는 말로 자신감을 회복시켰다.

 탁월한 심리 전략으로 싸우기도 전에 승기를 잡은 칭키즈칸은 손쉽게 호라즘을 정복할 수 있었다. 칭기즈칸은 포로로 잡힌 적이라도 훌륭한 장수라면 설득하여 충성심 강한 부하로 만들었고, 반대로 자신이 살고자 자기 장수를 배반하고 투항한 자는 가차 없이 벌함으로써 부하들의 심리를 최대한 활용했다. 또한 화살촉에 바람구멍을 뚫어, 날아갈 때 '삐이이익~' 하는 소리가 나도록 함으로써 적에게 공포감을 조성하기도 했다. 몽골군을 맞은 유럽의 병사들은 고막을 찢는 듯한 화살 소리가 하늘에서 크게 들리면 겁에 질려버리기 일쑤였다.

심리 활용 능력은 저절로 얻어지지 않는다. 오랜 경험과 각고의 노력이 수반될 때 조금씩 쌓이는 역량이다. 뛰어난 포수와 평범한 포수는 경험과 학습량에서 판가름난다. 국내 프로야구의 경우 한 팀에 보통 20여 명의 투수가 있는데, 포수는 이들의 강약점과 투구 성향, 성격까지도 파악하고 있어야 한다. 다른 포지션의 선수들이나 상대 팀 타자, 심판에 대해서도 마찬가지다.

리더도 부하들의 심리를 잘 파악하고 활용하기 위해서는 평소 끊임없는 관심과 이해 노력 등 많은 학습이 절대적으로 필요하다. 그렇지 않을 경우 민심을 오판하고 나아가 민심을 잃는 리더가 된다는 점을 명심해야 한다.

묵묵한 이타주의자

포수는 야구에서 가장 힘들고 고단한 포지션이다. 서서 움직이는 다른 선수와 달리 유일하게 쪼그려 앉아서 경기를 한다. 그 것도 얼굴에 두꺼운 마스크를 쓰고 4킬로그램이 넘는 보호장구를 몸에 두른 채로 일어섰다 앉기를 수백 번씩 반복한다. 포수라면 무릎 관절에 이상이 오는 것을 숙명으로 여길 정도다. 평균 4시간 정도 진행되는 경기에 더운 여름철이면 보호장구 속에서 한증막을 체험하기 일쑤다.

앉아서 경기를 한다고 해도 결코 움직임이 적지 않다. 공격과 수비가 전환될 때면 남들보다 더 빨리 뛰어들어와 장비를 입거나 벗어야 한다. 투수와 달리 휴식을 위한 로테이션도 적용되지 않고, 경험과 연속성이 중요시되는 포지션이기에 주전 포수는 특별히 부상이 있는 경우가 아니면 거의 매경기 투입되곤 한다. 홈으로 쇄도하는 상대팀 주자를 태그 아웃시킬 때에는 온몸을 던져 저지해야 하는 등 부상의 위험도 가장 높다. 자동차보다도 빠른 속도로 날아오는 공이 배트에 빗맞아 얼굴이나 몸으로 날아들기에 멍이 가실 날이 없다.

포수는 '그림자 리더십Shadow Leadership'이 어떤 것인지 잘 보여준다. 다른 포지션에 비해 힘들고 빛이 나지 않는다고 해서 포수가 이런 처지에 불만을 품을 수는 없는 노릇이다. 야구 경기에서 가장 많이 뛰는 선수가 포수라는 사실을 아는 사람은 많지 않다. 타자가 공을 치면 포수는 반사적으로 마스크를 벗고 타자처럼 1루 뒤쪽을 향해 뛴다. 1루 송구가 뒤로 빠질 때를 대비하기 위해서다. 타자가 친 공이 높이 뜨면 누가 잡아야 할지 큰 소리로 알려주고 번트 수비에서는 박차고 뛰어나가 공을 잡던지 어디로 던져야 할지를 지시하는 것도 포수다. 훈련 시에도 투수의 공을 받아주는 것이 자신의 타격이나 수비 연습보다 더 중요시된다. 또한 여러 명의 투수를 위해 공을 받아주는 일은 자신의 기술만 연마하면 되는 다른 포지션에 비해 더 많은 희생을 요구한다.

이처럼 가장 힘들고 많이 뛰는 포지션임에도 불구하고 포수는 그 중요성이 잘 드러나지 않는다. 미국 메이저리그 역대 명예의 전당에 헌액된 야구 선수 중 포수의 숫자가 꼴찌에서 두 번째인 것만 보아도 알 수 있다.

조직을 이끌어가는 리더도 포수만큼이나 외롭고 힘든 자리다. 위로 올라갈수록 알아야 할 것과 챙겨야 할 것들이 기하급수적으로 늘어간다. 반대로 리더의 고민과 어려움을 진심으로 알아주는 이는 점점 줄어든다. 마음을 터놓을 수 있는 동기의 숫자도 줄지만 본의 아닌 경쟁 구도로 인해 동기마저도 편해지지 않기도 한다. 그러나 포수와 마찬가지로 리더가 힘든 역할이라고 불만을 품을 수는 없다. 훌륭한 리더로 성공하려면 알아주든 몰라주든 조직에 대한 기여와 부하들의 성장에서 자신의 가치를 발견하고 보람을 느낄 수 있어야 한다.

어머니 같은 편안한 품

포수는 '야구장의 안방마님'이라는 별명을 가지고 있다. 이런 별명에 대해 어떤 이는 홈플레이트 뒤에서 경기하기 때문이라고도 하지만, 의미적으로 볼 때 투수에게 편안한 품을 내어주는 어머니와 같은 존재가 되어야 하기 때문이라는 설이 더 설득력 있게 들린다.

투수는 강속구와 변화구를 가리지 않고 자신 있게 던질 수 있어야 한다. 그러려면 아무리 까다롭게 날아드는 실투라도 몸을 던져 막아내는 포수가 있어야 한다. 행여 약간의 실투를 제대로 받아내지 못하고 뒤로 빠뜨리다간 팀이 패배의 위기에 몰리기 십상이다. 위기 상황에서 강타자를 만난 투수가 심리적으로 흔들릴 때 포수는 즉시 마운드에 올라 투수를 격려하고 자신감을 불어넣어 줄 수도 있어야 한다.

세계적인 음악가 정명훈 씨는 연주자들이 가장 편안해하는 지휘자로도 유명하다. 그는 연습 시간에는 한 음을 30분 이상 연주시킬 정도로 혹독하지만, 실제 연주에서는 지휘대에 올라 지휘봉을 들어올리기 전에 언제나 연주자들을 향해 애정이 듬뿍 담긴 부드러운 미소를 보낸다고 한다. 연주 시작에 앞서 초긴장 상태에 있는 연주자들에게 편안함을 주기 위해서다.

2002년 대한민국의 월드컵 4강 신화를 이룬 히딩크 감독은 폴란드와의 첫 경기 전날 밤에 선수들을 한 명씩 불렀다고 한다. 그간의 체력 측정 결과와 함께 "내가 지도했던 레알 마드리드 선수들보다 너희들의 체력이 더 우수하다"라고 말하며 자신감을 불어넣었던 것이다. 당시 주장 홍명보 선수는 "네 번의 월드컵 출전 가운데 가장 편안하게 잠자리에 들 수 있었다"라고 말할 정도로 히딩크 감독은 선수에게 편안함을 주는 리더였다.

어머니가 어린 아이에게 가장 편안한 품이 될 수 있는 것은 아이의 모든 것에 관심을 가지고 잘 알기 때문일 것이다. 편안하지 못한 상태에서는 누구나 더 많은 실수를 하게 마련이다. 부하에게 편안함을 주려면 불안한 모습으로 실투성 공을 던지는 부하를 '온몸으로 블로킹' 해주는 노련한 포수와 같은 리더가 되어야 한다.

준비된 리더

프로야구 감독들을 보면 유난히 포수 출신이 많다. 2009년도 국내 프로야구 우승과 광저우아시안게임에서 금메달을 차지한 팀을 이끌었던 조범현 감독이나 베이징올림픽에서 국민들에게 금메달의 감격을 보여준 김경문 감독 모두 포수 출신이다. 포수 출신은 야구의 모든 포지션을 직·간접적으로 경험하고 관찰

한다는 면에서 어느 포지션보다 유리하다. 따라서 팀 전체를 이해하고 이끌어가는 감독의 역할에 잘 적응한다. 조범현 감독은 "포수 출신이라 자연스럽게 투수와 타자의 움직임을 동시에 파악하는 것이 큰 도움이 된다"라고 말한다. 포수는 경기를 치르면서 게임 전체를 꿰뚫어보는 감독의 역량을 자연스럽게 축적한다. 감독으로서의 시각을 평소에 연마함으로써 준비된 감독으로 성장하는 것이다.

포수가 지닌 준비된 리더로서의 힘은 선수들, 특히 투수에 대한 정확한 '감感'을 가질 수 있다는 것이다. 일부 야구 전문가들에 따르면 포수의 핵심 역량은 볼 배합 능력이 아니라 투수에게 얼마나 편안함을 제공하는가에 달려 있다고 한다. 좋은 투구를 이끌어내는 '투수 리드'는 천재적 두뇌에서 나오는 것이 아니라 좋은 인성과 친화력에서 나온다. 실제로 정상급 포수들은 서글서글한 성격과 인간적인 매력으로 동료들에게 인정받는다. 경기나 훈련시간 외 일상생활에서도 포수는 투수와 거리감 없이 친해지기 위해 노력함으로써 투수에 대한 감을 더 정확하게 유지할 수 있다고 한다. 경기 당일 투수들의 컨디션을 체크할 때 감독이 포수의 의견을 중시하는 것도 이런 점 때문이다.

2008년 베이징올림픽에서 국가대표 야구팀의 전승 우승 신화는 영원히 기억될 한국야구사의 한 드라마다. 특히 결승전에서 아마야구 세계 최강으로 우리나라가 역사상 한 번도 이겨보지 못했던 쿠바를 맞아 승리했던 경험은 더욱 인상적이었다. 그런데 결승전 당시 9회 말 우리 팀은 1사 만루라는 절체절명의 역전 위기 순간이 있었다. 심판의 불리한 판정이 계속되자 항의하던 포수 강민호 선수가 퇴장을 당했던 것이다. 하는 수 없이 부상 중이던 진갑용 포수가 마스크를 쓰게 되었고 김경문 감독은 마무리 투수로 정대현 선수를 투입했다. 결과는 잘 알려진 대로 정대현 선수의 멋진 투구로 병살타를 유도하여 만루 위기를 극복했고, 결국 금메달을 획득할 수 있었다.

그런데 나중에 인터뷰에서 밝혀진 바에 따르면, 당시 교체 투수로 예정된 선수는 정대현 선수가 아니었다. 진갑용 포수가 교체되면서 당일 연습구를 받아본 감으로 정대현 선수의 볼이 더 좋다는 의견을 감독에게 전했고, 김 감독은 이를 수용하여 당초 계획을 수정던 것이다. 결국 우리나라의 금메달 획득에는 포수의 감(感)이 결정적인 역할을 했다.

리더십은 리더가 되고 나서 배워야 하는 역량이 아니다. 주변을 돌아보면 전문성이 높고 업무에 탁월하던 사람이 리더가 되고 나서 어려움을 겪는 경우가 종종 있다. 리더에게 필요한 역량을 준비하지 못한 상태에서 역할이 달라지고 담당 범위가 넓어지는 것에 당황하는 것이다. 리더가 아닌데 어떻게 리더십을 미리 배울 수 있는지가 궁금하다면 포수에게서 힌트를 얻어야 한다. 포수는 다른 모든 포지션에 대해 항상 관심을 가진다. 같은 조직 안에서라면 평소에 나와 전혀 관련이 없어 보이는 사람의 업무에 관심을 가져야 한다. 직급이 올라갈수록 경험해보지 않았던 업무나 분야의 지식에 대한 필요성이 더 커지게 된다. 평소 리더나 동료, 부하들과의 관계에서 리더십을 고민하는 사람, 즉 포수와 같은 '준비된 리더'라야 충분히 훌륭한 리더십을 발휘할 수 있을 것이다.

Charan, R., 'Home Depot's Blueprint for Culture Change', 〈Harvard Business Review〉, 2006

Hellriegel, D.&Slocum, J. Jr., 《Organizational Behavior(13th Edition)》, Ohio: South-Western Cengage Learning, 2011

Hersey, P.&Blanchard, K. H., 《Management of organizational behavior》, New York, NY: Prentice-Hall, 1982

Isaacson, W., 《Steve Jobs》, New York, NY: Simon&Schuster, 2011

'Japan CEO Takes the Bus', CBS, Retrieved from http://www.youtube.com/watch?v=PjeTTQKRfWU

Northouse, P. G., 《Leadership(6th Edition)》, Washington DC: SAGE, 2013

Schein, E. H., 《Organizational Culture and Leadership》, San Francisco, CA: Jossey-Bass, 2010

Sims, R. R., 《Ethics and Corporate Social Responsibility: Why Giants Fall》, Greenwood Press, 2003

Snowden, D. F.&Boone, M. E. A, 'Leader's Framework for Decision Making: Wise executives tailor their approach to fit the compaexity of the circumstances they face', 〈Harvard Business Review〉, 2007

Yukl, G., 《Leaderhsip in Organization(8th Edition)》, Harlow, UK: Person Education, 2013

강상구, 《마흔에 읽는 손자병법》, 흐름출판, 2011

강진구, '독한 리더십: 독한 리더가 조직을 성공시킨다', 〈Business Insight〉, LG경제연구원, 2012. 3

강진구, '조직에서 태도가 중요한 이유', 〈Business Insight〉, LG경제연구원, 2011. 8

강진구, '사업리더, 어떻게 육성해야 하나', 〈Business Insight〉, LG경제연구원, 2011. 4

강진구, '스피드 경영에 변속기를… 슬로우 리더십', 〈Business Insight〉, LG경제연구원, 2010. 10

강진구, '모두를 주인공으로 만드는 미래형 리더십', 〈Business Insight〉, LG경제연구원, 2010. 9

강진구, '포수 리더십', 〈Business Insight〉, LG경제연구원, 2009. 12

강진구, '인격적 리더가 뜨고 있다', 〈Business Insight〉, LG경제연구원, 2008. 2

강진구, '조직의 위기와 구원투수 리더십', 〈Business Insight〉, LG경제연구원, 2006. 11

게리 해멀, 빌 브린, 《경영의 미래》, 세종서적, 2009

고야마 노보루, 《경영의 마음가짐》, 흐름출판, 2012

김성근, 《리더는 사람을 버리지 않는다》, 이와우, 2013

김성호, 《일본전산 이야기》, 쌤앤파커스, 2009

김현기, 노용진, '대한민국 직장인 리더십 진단', 〈Business Insight〉, LG경제연구원, 2008. 1

무굴 판댜, 로비 셸, 《세상을 변화시킨 리더들의 힘》, 럭스미디어, 2006

서거원, 《따뜻한 독종》, 위즈덤하우스, 2008

아키모토 히사오, 《사표를 내지 않는 회사, 헤이세이 건설》, 서돌, 2011

요코야마 타로, 《위대한 리더의 위대한 질문》, 예인, 2009

원지현, '이런 리더가 신뢰받는다', 〈Business Insight〉, LG경제연구원, 2011. 6.

전재권, '리더에게도 힐링이 필요하다', 〈Business Insight〉, LG경제연구원, 2013. 10

제임스 다이슨, 《계속해서 실패하라》, 미래사, 2012

크리스토퍼 호에닉, 《위기를 극복한 리더들의 생각을 읽는다》, 예문, 2009

팀 하포드, 《어댑트》, 웅진지식하우스, 2011

'도올 선생의 도마 안중근 선생 이야기', EBS, Retrieved from http://www.youtube.com/watch/v=UxDWUbGQ7rU

리더,
독해
져라